Cinderellas Schwester

Oder: Der Schuh ist zu klein

Märchen 5.0

Claudia J. Schulze

INHALT:

9 ½ Märchen in großer Schrift

Herstellung und Verlag: BoD - Books on Demand, Norderstedt

© Claudia J. Schulze, Lektorat: Phillo, Leipzig, Große Schrift

ISBN: 9783752804195

Bilder: Anke Hartmann, Neuauflage 2021

Allen guten Geistern, starken Mädchen und
klugen Jungs gewidmet

Der Schuh ist zu klein

Niemand hatte je besonders viel von Anastasia gehört, dabei war sie immerhin die ältere Halbschwester der weltberühmten Cindie, die früher „Aschenputtel" hieß, doch das war in der heutigen Zeit viel zu unmodern, so dass man sich auf einen eher international und eher feminin klingenden Namen geeinigt hatte. In so ziemlich jeder Erzählung, die sich im Laufe der Jahrhunderte immer wieder ein bisschen verändert hatte, war sie ganz schön schlecht weggekommen. Vor allem wohl, weil Martha, Cindies Stiefmutter Anastasia unbedingt mit einem Prinzen verheiraten wollte, was ohnehin schon einem sehr unrealistischen Unterfangen glich. Immerhin konnte man sich sicherlich unschwer vorstellen, dass die Konkurrenz schon deshalb nicht schlief, weil es sich um den einzigen Prinzen im ganzen Umkreis handelte. Wenn man dann auch noch täglich eine solche Ausnahme-Schönheit wie Cindie um sich hatte, dann konnte einem das die Laune schon gründlich verderben.

Auch der Stiefmutter war das aufgefallen, und so sorgte sie dafür, dass Cindie das Haus nicht mehr verlassen durfte. Anastasia konnte das nur Recht sein.

Selbst in einen alten Kartoffel-Sack gekleidet sah Cindie nämlich noch hundertmal schöner aus als Anastasia, wenn man die sehr strengen Schönheitskriterien des Prinzen zugrunde legte - und die waren nun einmal überall im Land bekannt. Der Prinz wollte nämlich eine Frau, die genau wie seine Mutter sein sollte. Nun war es so, dass des Prinzen Mutter aus einem fernen Königreich kam, das viele hundert Tagesreisen entfernt lag, und so kam es, dass die Königin keiner der Frauen aus dem hiesigen Königreich ähnlich sah. Sie war mindestens zwei Köpfe größer als alle anderen Frauen, und ihre Füße waren entsprechend groß – mindestens Größe 43. Die Königin selbst jedoch wollte lieber kleine, zierliche Füße haben, und so war vom schlauen Hofnarren das Gerücht in die Welt gesetzt worden niemand habe kleinere und niedlichere Füße als die Königin, des Prinzen schöne Mutter. Da sie immer sehr lange und königliche Kleider trug, sah man nur ab und an die Spitze eines samtenen Schuhs.

Ihre Füße jedoch bekam niemand sonst zu Gesicht. Wenn sie zu Bett ging, löschte sie sofort das Licht, denn selbst der König, ihr Gemahl, sollte ihre Füße nicht sehen. Zum Glück hatte der bereits alte König ohnehin einen gesegneten Schlaf. Er fiel sozusagen schon schlafend ins Bett, achtete weder auf Füße noch auf sonst etwas außer seinen feinen, weichen Eider- Daunenkissen und schnarchte die Nacht friedlich durch. Die Königin war an jedem neuen Tag vor ihm wach und konnte, zu ihrer Erleichterung, in Ruhe ihre großen Füße unter den bestickten Säumen ihrer sehr hoheitlichen Kleidung verbergen. Und somit glaubte ein jeder im Lande, dass es sich tatsächlich so verhielt, und niemand kleinere und zierlichere Füße habe als eben die Königin höchst selbst. Cindie nun war die Einzige, die ebenfalls größer war als die anderen Frauen. Ihre früh verstorbene Mutter war ebenfalls aus der Fremde gekommen und beachtlich groß gewesen, fast wie ein Baum, so dass es daher vielleicht....möglicherweise einen gewissen inhaltlichen Zusammenhang gab. Vielleicht aber auch nicht, so genau kann man das hinterher natürlich nicht mehr sagen.

Und auch ihre großen Füße hatte bisher noch niemand gesehen, da sie stets braune Lumpen um ihre Füße gebunden hatte. Sie musste in der Küche am offenen Ofen arbeiten, so dass die Sache mit den Lumpen ziemlich praktisch war, bot es doch einen gewissen Schutz.

Asche kann nämlich ziemlich heiß sein, und da muss man sich schon vorsehen, so viel stand jedenfalls fest. So wusste ebenfalls niemand, auch Anastasia nicht, wie groß die Füße ihrer Halbschwester eigentlich waren. Sie waren, um genau zu sein, sogar noch eine ganze Nummer größer als die der Königin. Hätte Cindie Schuhe besessen- was nicht der Fall war- wären diese mindestens auf die doch recht stolze Schuhgröße 44 1/2 hinausgelaufen – mindestens!

In Anastasias Vorstellung jedoch waren Cindies Füße so klein und zierlich wie die Füße der Königin – zumindest ebenso, wie die Königin dies alle glauben machen wollte. Anastasias Neid kannte daher selbstverständlich keine Grenzen, was auch ihr geradezu abscheuliches Verhalten gegenüber der Halbschwester erklärte. Dabei war Anastasia sonst eigentlich gar nicht so.

Ganz im Gegenteil. Sie war sonst zu fast jedermann freundlich, ihr Pferd und die Tiere des Waldes behandelte sie mit allergrößtem Respekt. Nur eben bei Cindie vergaß sie alle guten Manieren.

Man muss wissen, dass es zu dieser Zeit für Frauen ungemein wichtig war zu heiraten.

Einen Prinzen zu heiraten war so etwas wie der Hauptgewinn, und nicht nur Anastasia fieberte darauf hin. Nun jedoch drohte Cindie mit ihrer Schönheit Anastasia die Suppe gründlich zu versalzen. Es war wirklich zum aus der Haut fahren.

Als schließlich der feierliche, königliche Ball herannahte, zu dem einfach jede Frau im heiratsfähigen Alter geladen wurde, beschloss Anastasias Mutter Cindie zu verstecken und ihr so viele schwere Küchenarbeiten und sonstige Beschäftigungen aufzutragen, dass es ihr nicht möglich wäre am Königsball teilzunehmen. Abgesehen davon, dass Cindie ohnehin nicht über die nötige Kleidung verfügt hätte, war dieser Plan der Stiefmutter ziemlich wirksam. Cindie wirkte zwar traurig, doch immerhin hatte sie ihre Tauben, die immer in der Nähe der Küche waren, um Cindie Gesellschaft zu leisten. Also befolgte sie die Anweisungen ihrer Stiefmutter und sortierte Erbsen. Anastasia atmete auf. Um sich aber die Konkurrenz, welche die anderen Damen unweigerlich für sie darstellen würden, auszuschalten, begab sie sich in den Wald zu der Heidekrum, die dort seit Jahren lebte.

Diese wusste genauestens mit allerlei merk-würdigen Schönheitswässerchen und sowieso sehr geheimen Tricks Anastasia kolossal herauszuputzen. Heidekrum war es auch gewesen, die die Schönheitsvorstellungen des Prinzen überallhin verbreitet hatte. Das hatte ihr reichlich Kundschaft beschert, so dass sie sich mittlerweile längst zur Ruhe hätte setzen können. Doch das kam der Heidekrum nicht in den Sinn, worüber Anastasia in ihrer Aufregung natürlich froh war. Sie hätte einfach alles dafür getan, um schöner auszusehen! Und in der Tat sah Anastasia am Abend des Balls besonders hübsch aus. Heidekrum hatte sie für ein paar Stunden mit den Füßen nach oben an einem knorrigen Baum aufgehängt, so dass sich die Knochen strecken konnten. Und tatsächlich war sie nach dieser Behandlung mindestens acht, wenn nicht neun Zentimeter größer, wenngleich ihr jeder einzelne Knochen ganz höllisch schmerzte. Doch mit dieser nun zusätzlichen Körpergröße musste sie den wählerischen Prinzen doch einfach für sich gewinnen!

Anastasia fühlte sich bereits als Siegerin als sie, mit stolz zurückgeworfenem Kopf, den hell erleuchteten Ballsaal betrat.

Was sie nicht wusste war, dass Cindie dort – mit einiger Zauberhilfe – doch noch auftauchte und mit ihrer imposant großen Erscheinung und einem wunderbaren, fein gewirkten und bestickten Festgewand aus reinem Silber dem Prinzen alle Sinne raubte.

Da der Zauber nur bis Mitternacht anhalten sollte, verschwand Cindie natürlich kurz vor Mitternacht in ihrem so atemberaubenden silbernen Kleid, wobei sie bei der Rennerei die Treppe hinunter einen ihrer silbernen Schuhe verlor. Hohe Absätze in Größe 44 1/2 gleiten einem schneller vom Fuß als einem lieb sein kann. Entgegen dem, was in Märchen im Allgemeinen behauptet wird, fand nicht der Prinz, sondern vielmehr der Hofnarr den Schuh. Dieser war listig wie immer. Er nahm den Schuh an sich (Größe 44 1/2 – das sollte man keinesfalls an die große Glocke hängen!) Er ließ den Schuh nachmachen, doch um zehn Nummern kleiner. Diesen winzigen Schuh händigte er dem Prinzen zwei Tage nach dem Ball aus mit dem Hinweis, er habe ihn ganz zufällig gefunden, und dieser Schuh gehöre der rätselhaften, schönen großen Prinzessin in Silber. Der Hofnarr stellte ihm weiterhin in Aussicht, dass er mit genau diesem Schuh in der Lage sei die Unbekannte zu finden.

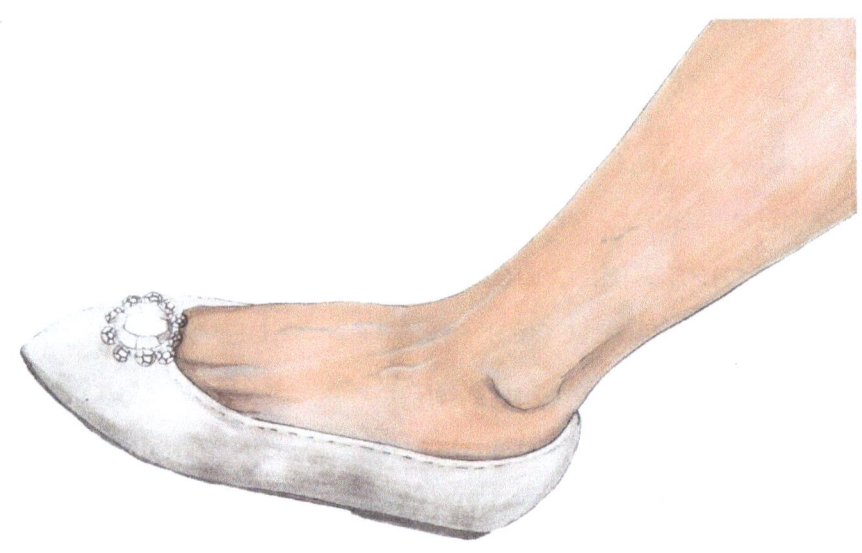

Insgeheim hatte er längst einen Plan. Er wollte dem Prinzen bei der Suche keinen Augenblick von der Seite weichen und die Schuhe im alles entscheidenden Augenblick flink austauschen. Dann, da war sich der Hofnarr sicher, würde der Prinz auch davon ausgehen, dass niemand kleinere und hübschere Füße besäße als die unbekannte Prinzessin. Er befürchtete nämlich, dass des Prinzen Interesse an der Schönen sonst deutlich abkühlen könnte, und das war etwas, was das Königreich sich nicht leisten konnte. Man war dringend um den Fortbestand der Dynastie bemüht. Der Hofnarr wusste, dass es ihm nicht besonders schwer fallen würde die Unbekannte an ihrer beeindruckenden Körpergröße zu erkennen – wahrscheinlich sogar noch vor dem Prinzen. Und in Gedanken malte er sich genau aus wie er die beiden Schuhe gänzlich unbemerkt austauschen und dann verkünden würde: „Dies ist die Braut!". Es wurde also eine ausführliche Suche nach der unbekannten Schönen ausgerufen, der dieser eine Schuh passen sollte. Anastasia ging wieder zu Heidekrum, die ihr einige Fußbäder mit fies kribbelndem Ameisengift verschrieb, ihr die Fußnägel radikal kürzte und die Füße sogar mit einem Zauber belegte. Trotzdem wurden sie nicht kleiner. Heidekrum bestätigte ihr, dass dies dringend noch einige weitere zukünftige Sitzungen erforderte.

Der Prinz und mit ihm der Hofnarr kamen währenddessen zu jedem Haus im Umfeld, und mit bangem Herzen erwartete Anastasia das Klopfen der beiden wichtigen Männer an ihrer Hoftür. Tatsächlich war es schneller so weit als ihr lieb war. Sie hatte vorher noch sieben weitere Schönheits-Termine in Folge bei Heidekrum wahrnehmen wollen, doch nun war es zu spät. Der dunkel-gelockte Prinz und der listige Hofnarr standen, mit einem winzigen silbernen Schuh in der Hand, vor dem Hof. Anastasia tat alles, was ihr Heidekrum geraten hatte. Sie hatte sich die Füße zuvor mit Schneckenschleim eingerieben und hielt die Luft an bis ihr der Kopf dröhnte – doch der Schuh war zu klein. Sie lief dennoch ein paar Schritte auf und ab, biss mutig die Zähne zusammen und behauptete dabei dreist, dass das unbedingt ihr Schuh sei. Besonders glaubhaft versicherte sie dies allerdings nicht. Als dann sogar Blut aus dem Schuh quoll, was nicht gerade einen reizvollen Anblick bot, konnte sie den beiden nichts mehr vormachen.

Weinend und tief enttäuscht rannte sie in ihr Zimmer, die Füße taten ihr entsetzlich weh. Cindie indes hatten die beiden nicht gefunden, Anastasias Mutter hielt sie versteckt. Sie suchten also noch immer vergeblich auf den fünfzehn Nachbarhöfen und einem winzigen Waldhäuschen weiter. Das immerhin beruhigte Anastasia – und entlockte ihr sogar eine gewisse Freude. Diese Freude hielt jedoch nicht lang an. Bald musste sie bemerken, dass durch die blutende Verletzung einer ihrer Fußnägel begann einzuwachsen. Es tat weh und begann sich zu entzünden. Aufgebracht und barfuß humpelte Anastasia zu Heidekrum. „Wenn ich jetzt auch noch humple und einen Klumpzehen bekomme, ist es für immer aus mit einem Mann" schniefte sie. Doch Heidekrum lehnte diesmal jede Hilfe ab. „Bei Dir ist ohnehin nichts mehr zu machen", sagte sie mit kalter Stimme, wandte sich ab und trank ihren bitteren Krötensaft ohne auch nur die geringste Rücksicht auf Anastasias heiße Tränen zu nehmen. Laut schluchzend humpelte diese wieder durch den Wald zurück, als sie die freundliche Stimme einer alten Frau vernahm. „Was ist denn, mein armes Kind?", wollte diese wissen. „Ach, mein armer Fuß", stammelte Anastasia verzweifelt und streckte der Alten weinerlich den ent-zündeten Zehennagel hin. Die alte Frau besah ihn sich kurz und sagte dann: „Das ist kein Grund, um verzweifelt zu sein. Ich kann Dir helfen!" „Setz Dich einfach mal zu mir, mein Kind"! Anastasia tat wie es die Alte gesagt hatte, und tatsächlich schien diese sehr genau zu wissen was sie tat. Um den entzündeten Nagel befestigte sie ganz sanft und vorsichtig eine Spange, bestrich es mit einer heilenden Paste aus Kräutern, und sofort fühlte sich Anastasia besser. Bereits auf dem Heimweg verspürte sie weniger Schmerzen. Während Anastasias Fuß wieder heilte, be-suchte sie die alte Heilerin oft im Wald. Diese brachte ihr bei wie man Wunden reinigte, welche Wurzeln und Beeren sich für Heilsäfte herstellen ließen, und Anastasia lernte sogar wie sich Fieber senken und Ausschläge lindern ließen. „Eine Frau muss etwas können!" Sagte ihr die Alte immer wieder. „Einen Mann zu heiraten ist nicht genug, nie nicht!"

Natürlich hatte sich die Alte mit dieser Einstellung zu jener Zeit keine Freunde gemacht. Als „Hexe" war sie in den Wald getrieben worden. Dabei, Anastasia konnte das bezeugen, hatte sie in ihrem Beisein keinen einzigen Zauberspruch verwendet. Sie war eine weise Medizinfrau und auf gar keinen Fall eine Hexe. Bei Heidekrum war sich Anastasia hingegen nicht so sicher, aber dieser ging sie ja nun ohnehin weiträumig aus dem Weg. Wie es der Zufall (oder vielleicht auch das Schicksal) wollte, lernte sie auf einem dieser Spaziergänge Jörg kennen, einen wirklich lustigen, jungen Waldarbeiter, der noch nie eine schönere Frau als Anastasia gesehen hatte – wie er ihr versicherte. Sie wiederum hatte noch nie so stramme, feste Waden und so wunderbar dunkle Augen wie bei Jörg gesehen, so dass die Liebe zu einer Gegenseitigen wurde. Besonders lobte er ihren klugen Verstand, ihre runden, rosigen Wangen und die Weichheit ihrer Haut. Anastasia und der Waldarbeiter Jörg passten so prächtig zusammen, dass es ihr noch nicht einmal etwas ausmachte, dass der Prinz und der Hofnarr nun noch einmal jedes Haus unter die Lupe nahmen, um Cindie zu finden. Bei diesem Versuch gelang es ihnen. Was jedoch nicht glückte, war der Versuch des Hofnarren den silbernen, eigens nachgemachten Schuh blitzschnell auszutauschen, so wie er es geplant hatte. Zunächst war alles noch nach Plan gelaufen. Der listige Hofnarr hatte den Prinzen abgelenkt, so dass dieser im Moment des Austauschs nicht auf Cindies riesige Füße blicken sollte. Im entscheidenden Augenblick wollte er dann, ganz nach dem Vorbild der Königin, den langen, bauschigen Rock über den ausgetauschten Schuh gleiten lassen, so dass auch hier nur mehr eine silberne Spitze hervorblitzen sollte. Doch der verliebte Prinz ließ sich nicht so einfach ablenken, nachdem er nun endlich in einem Raum mit Cindie war. Er wandte seinen Blick nicht mehr von ihr ab.

Unmöglich! Der Dunkelgelockte lächelte sie verträumt und lange an. Und so ging des Hofnarren Vorhaben gründlich schief. Heimlich fluchte der mit allen Wassern gewaschene Hofnarr vor sich hin, doch gegen die Liebe war eben einfach kein Kraut gewachsen. Der Prinz sah zuerst ihre riesigen Füße, dann ihre strahlenden Augen. Es war um ihn geschehen. „Ihre Füße sind riesig, doch liebe ich alles an ihr!"

Ließ er stolz verkünden, und der Hofnarr rief hinterher: „ Das ist die Braut, jaaaaaa, das ist sie, die Braut!"

Es wurde ein riesiges Fest gefeiert und viele Tage durchgetanzt. Das Königshaus ließ sich selbstverständlich nicht lumpen, jetzt wo der Fortbestand ihres Hauses gesichert war! Alle Schuster aus der Region hatten hinterher mindestens fünf Mal so viel zu tun wie sonst, da einige der Schuhe ruiniert, da komplett durchgetanzt waren. Doch das hat keinen Schuster in diesen Tagen je gestört. Im Gegenteil. Auf diese

Weise ließ sich gut für schlechtere Zeiten etwas zur Seite legen.

Indes – von schlechten Zeiten war nichts zu sehen oder zu spüren, jetzt, da Cindie und der Prinz ein Paar waren. Endlich hörte man wieder Lachen und sah die Freude auch bei Hof. (Zuvor waren alle etwas beunruhigt darüber gewesen, ob es dem pingeligen Prinzen gelänge sich endlich für eine Frau zu entscheiden).

Nun waren sie mehr als erleichtert darüber, dass nicht nur dem Prinzen Cindie so außerordentlich gefiel; auch Cindie war von dem Prinzen mehr als angetan.

Und das nicht nur, weil er ein Prinz war. Nein, sie passten einfach von Anfang an ganz hervorragend zusammen. Besonders hob sie seine rücksichtsvolle, un-aufdringliche Art lobend hervor! Und so etwas ist immer ein Segen! Überflüssig zu erwähnen, dass Cindie ihm während des Brauttanzes kein einziges Mal auf die Füße trat. Es ist nämlich ein haltloses

Vorurteil, dass Frauen mit großen Füßen unge-schickt seien. Überhaupt wird den Füßen in dieser Hinsicht viel zu viel angelastet. Sie tragen uns durchs Leben, alle Menschen, und manch-mal, so denke ich, sollten wir ihnen viel dank-barer dafür sein als wir es, in der Regel, sind. Ob die Königin das Geheimnis ihrer Füße gelüftet hat, kann ich nicht sagen. Doch Cindie und der Prinz waren ebenso glücklich wie Anastasia und Jörg. Letztere lebten zwar nicht auf gar so großem Fuß wie das Prinzenpaar, doch nichts erschien ihnen schöner als barfuß und dabei Hand in Hand, besonders an den warmen Sommerabenden, durch den fein bemoosten Wald zu laufen. Jörg ließ Anastasias Hand niemals los. Sie sollte sich an keinem Stein stoßen, so sehr liebte er sie. Heidekrum hat man dort nicht mehr gesehen, doch es ging die Sage, dass sie sich in eine Kröte verwandelt habe und nun in den Sümpfen lebte.

Ob es stimmt, kann ich nicht sagen. Die Schnecken aus der Gegend waren zumindest dankbar über ihr Verschwinden, da sie nun niemand mehr dazu benutzte, um aus dem mehr als reichhaltigen Schneckenschleim ihre diversen Schönheitswässerchen zu bereiten.

Auch die knorrigen Bäume seufzten erleichtert auf, da nun niemand mehr mit den Füßen zuerst an ihnen aufgehängt wurde.

Überhaupt begannen all die Menschen nun wieder viel zufriedener mit sich und ihrem Aussehen zu werden.

Niemand wollte mehr größer sein als er war, niemand brauchte mehr Wässerchen oder sonstige Tricks. Nötig war es ohnehin nicht.

Eine jede Frau aus dem Königreich bekam ihren Mann, und ein jeder Mann eine Frau.

Und jeder, das konnte man sehen, wenn man genau hinsah, war auf seine eigene Art schön. Niemand musste mehr in eine Form – oder in einen bestimmten Schuh - passen.

Lange schon war in dem Königreich nicht mehr so viel gelacht und geliebt worden wie in der Zeit nach der großen Hochzeit. Heidekrum war also nicht mehr vonnöten. Selbstverständlich kann es gut sein, dass sie aus diesem Grunde die Sümpfe vorgezogen hat. Sie hatte ein Gespür dafür, wann sie nicht mehr erwünscht war.

Die Sümpfe haben ihren ganz eigenen Reiz – wie beinahe alles auf dieser Welt. Ihr Geruch ist bisweilen, besonders an den regnerischen oder auch an den besonders heißen Tagen des Jahres, in der Tat etwas gewöhnungsbedürftig, doch da kommt es, wie überall auf der Welt, im Grunde nur auf die richtige Einstellung an.

Oft rochen sie auch einfach nur nach Erde, was, wie ich finde, ein wunderbarer Geruch ist. Erde und Gras und Moos. Über letztere kann man herrlich barfuß gehen, auch wenn sie noch vom Regen feucht sind. Vielleicht sogar gerade dann. Anastasia und Jörg taten dies jedenfalls oft. Auch dann noch, als ihre vier Kinder geboren waren, begleitet von der alten Frau, die, neben der geheimen Kraut- und Kräuterkunde, dem Schuhe beschlagen, dem Moos- und Sternedeuten auch die altbewährte, traditionelle Hebammenkunst auf das Beste beherrschte.

„Wie winzig doch so ein Kinderfuß ist", hatte die alte Frau aus dem Wald bei der Geburt jeder ihrer vier Töchter lächelnd gesagt.

„Doch wachsen tun sie alle – zum Glück!"

Anastasia fand das auch.

„Wie sonst könnten sie den Menschen durchs Leben tragen." Da war, soviel steht fest, etwas dran!

Anastasia lernte im Laufe der Zeit all ihre Heilkunst kennen, und wurde zu einer im Land anerkannten Heilerin. Die düsteren Zeiten, in denen man deswegen noch als „Hexe" in den Wald getrieben wurde, waren mittlerweile vergangen. Heidekrum hat vom Tag der Hochzeit an wahrscheinlich niemand mehr vermisst.

Warum sie aber ausgerechnet eine Sumpf-Kröte geworden ist, kann ich beim besten Willen nicht beantworten.

Was man ihr allerdings lassen musste war, dass sie zu einer prächtigen Kröte wurde.

Man konnte sich schier nicht an ihr satt sehen,

Die Schönheit liegt zwar, wie immer, im Auge des Betrachters.

Doch so eine schimmernde Haut ist, soweit ich mir das vorstellen kann, selbst bei einer Kröte keinesfalls alltäglich.

Ich war nun öfter in dem Sümpfen um sie zu bewundern.

Und war ich nicht die einzige.

Ein junger grasgrüner Frosch hatte sich ganz schön in sie verguckt, das war nicht zu übersehen. Sein Quaken klang weitaus lauter, enthusiastischer als sonst wann immer er ihrer gewahr wurde.

Die alte Medizinfrau, welche man dazu befragt hatte, sagte hierzu kein Wort.

Eine wahrlich weise Frau lässt sich auf Klatsch und Tratsch nämlich niemals ein.

Lilly Ljubljana oder:

Das unheimlich schlecht gelaunte Rotkäppchen

Lilly Ljubljana lebte in Russland. Ein großer Wald umringte die Siedlung, in der sie mit ihrer Mutter Larissa lebte. Lilly sah niedlich aus, jedenfalls wenn es nach ihrer Mutter ging. Aus diesem Grund wurde sie auch nicht müde ihr Mützchen und Umhänge, Handschuhe und Söckchen zu stricken und zu häkeln, bis in Lilly Ljubljanas Schrank kaum noch ein einziges freies Plätzchen vorzufinden war. Da die Lieblingsfarbe ihrer Mutter rot war, waren auch die meisten ihrer Kleidungsstücke rot – wenn da nicht Lillys Großmutter gewesen wäre, die so anständig war der Kleinen ab und an ein Kleid oder Socken und Hosen in deren Lieblingsfarbe zu schenken, nämlich in *wolfsgrau*.

Somit gab es wenigstens ein paar Kleider, die auch Lilly selbst mochte. Keine Farbe gefiel Lilly nämlich besser, vor allem dann nicht, wenn der Stoff auch noch mit winzigen weißen Punkten durchsetzt war. Lilly war keineswegs so niedlich wie ihre Mutter dachte. Sie konnte raufen und spucken wie ein Kerl, und niemand wusste wo sie all die Schimpfwörter her hatte, mit denen sie jeden belegte, der ihr gerade dumm kam.

Auf den Kopf gefallen war Lilly jedenfalls nicht, soviel stand schon einmal fest.

Was ihr gehörig die Laune verdarb, waren all die roten Käppchen, Söckchen und Mützen und die Tatsache, dass sie mit geflochtenen blonden Zöpfen herumlaufen musste, weil ihre Mutter das entzückend fand. Gleichzeitig wollte Lilly ihre Mutter nicht kränken, da sie sie schon in Ordnung fand – von dem Fimmel mit dem Aussehen abgesehen.

Also sagte sie nichts, zog die roten Kleider an, ließ sich die Haare bürsten und flechten und wurde dabei immer missgelaunter. Das Einzige, was in solchen Fällen half, war ein Spaziergang zu ihrer Oma, die ein paar Kilometer entfernt wohnte.

Durch den Wald gefiel es ihr am besten, die Bäume dort beruhigten sie ein wenig. Das Grün ihrer Blätter und Nadeln war ein gutes Gegengewicht zu dem ewigen Rot, das ihr mittlerweile gehörig auf die Nerven fiel. Ja, ein Besuch bei der Großmutter war in solchen Fällen einfach

das Beste! Meistens brachte sie ihr noch etwas zu essen mit. Es war nicht so, dass ihre Oma arm gewesen wäre, doch hatte sie nie genug Kuchen da, wenn einmal Besuch kam.

Der Grund war der, dass sie den Kuchen immer ganz allein verdrückte, weil es nichts gab, das ihr auch nur annähernd so gut schmeckte wie Kuchen. Also zog Lilly auch heute los, um ihre Großmutter zu besuchen. Ihre Mutter hatte ihr wieder einmal Kuchen und außerdem saftige Fleischbällchen und Würste eingepackt. Sie nahm, wie meistens, die praktische Abkürzung durch den Wald, obwohl das, ganz besonders ihrer Mutter, überhaupt nicht Recht war. „Du weißt, Lilly Ljubljana", sagte sie streng, „dass es im Wald Wölfe gibt!". Lilly konnte da nur müde lächeln. Bei ihrer schlechten Laune sollte ihr mal ein Wolf unterkommen! Der würde sich aber warm anziehen müssen, verdammt warm!

Wenn er sich nicht vorsah würde sie ihn in der Luft umherwirbeln. Noch während sie das dachte, wurde ihr von ihrer Mutter wieder einmal ein rotes Mützchen aufgesetzt, ein roter Umhang festgezurrt und ein rotes Tuch über den Picknick-Korb gelegt. „Du siehst entzückend aus, ganz entzückend", jubelte diese daraufhin und klatschte vor Begeisterung in die Hände. Wölfe und ähnliche Gefahren hatte sie wieder vergessen, was typisch für ihre Mutter war.

Kaum sah sie ein rotes Käppchen, war es auch um sie geschehen.

Lilly verdrehte die Augen, zog die Tür hinter sich zu und machte sich, unheimlich schlecht gelaunt, auf den Weg zu ihrer Großmutter.

„Du siehst entzückend aus!" hallte es in ihrem Kopf nach. Lilly kickte wütend einen Ast zur Seite, so dass ein kleines, rotbraunes Eichhörnchen sehr erschrocken vor ihr floh.

„Du feige Nuss", schimpfte ihm Lilly erbost hinterher. Sie war gerade dabei sich mächtig in ihre Wut hineinzusteigern, als sie ihn sah - den Wolf, noch nicht einmal fünf Meter von sich entfernt. „Du kommst mir gerade recht", zischte sie ihn an, denn ihre Wut steuerte mittlerweile auf einen solch mächtigen Höhepunkt zu, dass sie sich und ihre Kräfte bei weitem überschätzte.

Als sie auch noch feststellte, dass der Wolf nicht im Rudel, sondern vielmehr ganz allein war, verstärkte sich ihr Leichtsinn noch, und sie begann ihm zu drohen und ihn mit wüsten Schimpfwörtern und garstigen Gebärden zu überhäufen.

Der graue Wolf schlich, davon unbeeindruckt, interessiert und vorsichtig um sie herum, kam nicht zu nahe und beobachtete sie aufmerksam eine Weile, bevor er sich dann, Lillys Geschimpfe zum Trotz, dem Picknickkorb näherte.

„Der Kuchen, die Würstchen und die schönen Buletten", dachte Lilly alarmiert.

Nun bemerkte sie, dass der Mut sie doch etwas verließ, auch der Zorn fiel in sich zusammen, als der Wolf sich mit einem begnadeten Appetit an Fleischküchlein, Würste und sogar an den Kuchen machte. Nur die sandfarbene Kröte, die sich mit einem kessen Sprung aus dem Korb gerettet hatte, wurde vom Wolf verschmäht.

Lilly überlegte zwar zunächst kurz was wohl die Großmutter zu dem leeren Korb sagen würde, dachte dann aber, dass der Wolf vermutlich einen größeren Hunger hatte. Er wirkte etwas mager. Zudem gefiel ihr die Farbe seines Fells, nämlich reines wolfsgrau, ganz außerordentlich gut, was sie zugeben musste. Also beobachtete sie den grauen Wolf mit seinem riesigen Appetit, bis dieser kein einziges Krümelchen mehr übrig gelassen hatte und dabei ziemlich zufrieden wirkte.

„Bist du jetzt fertig?", fragte sie, nun schon etwas freundlicher ge-stimmt. Natürlich war von einem Wolf keine Antwort zu erwarten, so dass sie den leeren Korb nahm und eilig in das Haus der Großmutter lief, die schon auf sie gewartet hatte. „Lilly, sag mal, hast du Kuchen dabei? Ich habe mächtigen Hunger". Lilly verdrehte erneut die Augen. Ihre Oma hatte ja wirklich nur das Eine im Sinn. „Nein, leider", antwortete Lilly. „Der Korb ist mir umgekippt, und alles lag am Boden verstreut", behauptete sie. „Schneller als nur einer sehen konnte war alles mit Ameisen und Käfern übersät, da hab ich es lieber liegenlassen." Die Großmutter entwand ihr ungläubig den Korb. „Der ist ja wirklich leer", jammerte sie. Und dann, Lilly war nicht vorsichtig genug gewesen, um noch einmal in den Korb zu sehen, zog ihre Großmutter ein Büschel zottiger grauer Wolfshaare zwischen den Lücken des geflochtenen Korbes hervor. „Du warst in großer Gefahr!", jammerte sie nun noch lauter, „und ich dachte nur an meinen blöden Kuchen! Du armes Kind, komm schon her!" Und sie drückte Lilly Ljubljana so fest an ihren großen Busen, dass Lilly kaum noch Luft bekam.

„Ich will gar keinen Kuchen", jetzt begann sie Lilly auch noch auf den Kopf zu küssen. „Auch das noch!" Lilly machte sich ganz steif. „Ich will nur meine süße, kleine Lilly!" „Wenn sie so weitermacht", dachte Lilly, „wird sie mich am Ende ebenso sehr verschlingen wie der Wolf das Rotkäppchen im Märchen!" Doch soweit kam es zum Glück nicht. Nach ein paar Minuten hatte ihre Großmutter sich wieder im Griff. „Ich werde jetzt mal ein ernstes Wort mit deiner Mutter reden, Kind!" „Wieso das denn"? Wollte Lilly wissen. „Na hör´ mal, Lilly, ist doch logisch!" Die Großmutter war noch immer ziemlich aus dem Häuschen. „Immer mit diesen roten Klamotten! Da sieht dich ja ein Blinder 100 Meter gegen den Wind. Meine arme, arme Lilly!" Oma jammerte immer weiter. „Mit solchen Kleidern bist du niemals gut getarnt. Ist doch klar, dass du im Wald viel mehr Sachen in wolfsgrau brauchst!". „ Meinst du wirklich?" Lilly gefiel der Gedanke. Die Tarnung war ihr wichtig. Sie wollte später Försterin werden und den Wald in Schuss halten.

Tiere und die Natur hatten es ihr schon immer angetan, außerdem war sie so stark, dass sie sogar jetzt schon Holz hacken konnte. Lilly wollte unbedingt die erste weibliche Försterin der Gegend werden. Dass sie bald endlich ihre Lieblingsfarbe tragen durfte war ein guter Nebeneffekt. „Vielleicht sogar noch mit weißen Tüpfchen darauf?" „Unbedingt mit ganz besonders vielen weißen Tüpfchen! Betonte die Großmutter mit einem entschlossenen Gesicht, das absolut und gar keinen Widerspruch duldete.

„Na, dann rede mal mit ihr, Oma", meinte Lilly. „Schaden kann das auf gar keinen Fall!" „Würde ich aber auch sagen", brummte die Großmutter zurück, „immer dieses rote Zeug! Kein Wunder, kein Wunder, zieht doch nur die Wölfe an! Als Försterin muss man da geschickter vorgehen. Mein armes Kind." Dann schlurfte sie, den Kopf immer noch schüttelnd, brummend in die Küche, um ihrem Gast wenigstens etwas zu essen anzubieten.

„Habe leider nur noch ungefähr fünf fatal schrumpelige Rüben und ´ne Tube Senf da.

Ich hoffe das macht dir nichts aus?"

„Natürlich nicht", behauptete Lilly tapfer, und biss zum Beweis mehrfach kräftig ab und versuchte anschließend das Gesicht nicht allzu sehr zu verziehen.

Oma hatte es nicht so sehr mit dem Kochen.

Doch von ihr hatte Lilly gelernt wie man Rehe und Wildschweine füttert, wie man durch den Bewachs von Bäumen die Himmelsrichtung bestimmen kann, und sie vermochte den Gesang aller Vögel im Wald voneinander unterscheiden. Sie wusste, von welcher Seite aus man einen kranken Baum fällen musste, und wie man sich am günstigsten gegen den Wind stellte, so dass das Wild keine Witterung aufnehmen konnte.

Oma wusste so unheimlich viel.

Da war das mit dem Kochen reine Nebensache.

Na ja, die Rüben war schon ziemlich....

„Vielleicht noch etwas Senf dazu?" Lilly stöhnte, ein fast unhörbares „nein" verlies kläglich ihren Mund.

Danach schütteten sich beide vor Lachen aus.

Die Besuche bei Oma waren aber auch wirklich mit Abstand die besten.

Was Lilly nicht ahnte war, dass ihr die Kröte schon seit geraumer Zeit auf den Fersen gewesen war.

Zumeist hatte sie sich bei ihrer Mutter in der Küche versteckt und ich kann nicht beschwören, dass deren Vorliebe für rote Käppchen tatsächlich ihre eigene Idee gewesen war, und nicht vielmehr die der Kröte.

Doch spielte das für Lilly jetzt ohnehin keine Rolle mehr.

Sie und ihre Großmutter waren immer noch dabei mit dem Senf zu kämpfen. Und das erfordert, soviel kann ich Euch ver-sichern, gelegentlich eine ganz gehörige Portion Konzentration. Dem Wolf war die Kröte schnell entwischt.

Ob dies einem Mangel an Konzentration, seinem vollen Bauch oder einem grundsätzlichen Desinteresse an der Kröte Heidekrum geschuldet war, kann man im Nachhinein schlecht sagen. Und so entkam sie, zur Freude des grünen Frosches, wieder in die Sümpfe, während der Wolf sich schnarchend ausruhte.

Schneewittchens Apfel

Nachdem Schneewittchen an den Folgen des vergifteten Apfels beinahe gestorben wäre, beschloss sie kurzerhand in Zukunft nur noch Nougat und venezianische Kokosmakronen zu sich zu nehmen.

Es erschien ihr irgendwie sicherer. Zwar nahm sie dadurch etwas zu, ihren Mann, der vom Prinzen mittlerweile zum König aufgestiegen war, störte das jedoch nicht. Er war immer noch so erleichtert über die Tatsache, dass er Schneewittchen vor dem fast sicheren Tod bewahrt hatte, dass ihm solche Äußerlichkeiten nicht wichtig waren. Zudem waren ihre Beine die Säulen, die das Königreich trugen, so wie er sich auszudrücken pflegte, und Säulen sind nun einmal keine dürren Stöcke. Jedenfalls in der Regel. Ich bin mir sicher, dass es durchaus Ausnahmen geben kann, doch bei Schneewittchen war es nun einmal so und nicht anders. Doch obgleich es in dieser Richtung also keine Probleme gab, und Schneewittchen dem Wiener Nougat und den feinen venezianischen Kokosmakronen sehr zugetan war, verlangte etwas in ihr doch wieder nach Äpfeln.

Warum, wusste sie selbst nicht so recht. Fast schon spürte sie die wunderbare Frische, die Saftigkeit und die leichte Säure eines Apfels auf ihren Lippen bei der durchaus angenehmen Vorstellung in einen solchen hineinzubeißen.

Gleichzeitig jedoch bekam sie Angst, denn ein vergifteter Apfel war das Letzte gewesen, in das sie gebissen hatte, bevor sie von den Sieben Zwergen betrauert und in einen gläsernen Sarg gelegt worden war. „Wenn Ihre Hoheit Angst vor Äpfeln haben", sagte der Jäger, „dann folgen Sie mir in den Wald!" Das mit dem Jäger war eine zweischneidige Sache. Ursprünglich handelte es sich nämlich um eben jenen Jäger, der damals von der bösen Königin den Auftrag erhalten hatte Schneewittchen zu töten. Da er ein guter Mensch war, hatte er es damals nicht über das Herz gebracht, und wie man sich sicherlich gut vorstellen kann, hatte ihn das seine Arbeitsstelle gekostet. Ein wirklich guter Jäger verhungert zwar nicht gerade, dennoch ist es auch nicht besonders angenehm sich ohne feste Bleibe im Wald herumzutreiben.

Aus diesem Grund hatte Schneewittchen ihren Prinzgemahlen darum gebeten den überaus freundlichen Jäger in die Dienste seines Königsreichs zu nehmen. Obgleich sie ihm sehr dankbar dafür war, dass er sie damals nicht getötet hatte, blieb doch eine gewisse Sorge zurück, eine recht schwer zu beschreibende Angst, die vielleicht der Angst mit dem Apfel sogar auf eine Art ähnelte.

Doch da sie wusste, dass die Angst nicht davon besser wurde wenn man ihr aus dem Weg ging, wagte sie es und ging mit dem Jäger in den Wald. Dort sollte sie mehrere Prüfungen bestehen die ihren Mut beflügeln sollten. Zuerst, das war die erste Prüfung, musste Schneewittchen eine Kröte streicheln. Ihre Haut war etwas glitschig, doch die beinahe hellgelbe Farbe wiederum von ungewöhnlicher Schönheit. Ob es sich hierbei tatsächlich um die verwandelte Heidekrum, die sich vor einiger Zeit still in die Sümpfe zurückgezogen hatte handelte, kann ich wirklich beim allerbesten Willen nicht sagen.

Andererseits kommt es darauf vielleicht auch nicht unbedingt an.

Viel wichtiger war, dass Schneewittchen es bisher tunlichst vermieden hatte Kröten zu berühren.

Doch spürte sie, dass sie sich auf den Jäger, der ihr die Kröte behutsam herüberreichte, verlassen konnte. Der Jäger meinte es gut mit ihr und wollte tatsächlich erreichen, dass sie ihre Ängste überwand. „Sie müssen unbedingt ganz genau auf Ihren Instinkt, die innere Stimme hören", schärfte er Schneewittchen ein. „Wenn Ihre Angst zu groß ist, dann lassen Sie es erst einmal sein, Majestät." Er machte sich offenbar wirklich Gedanken. Aber das war ja kein Wunder. Immerhin hatte er ihr schon einmal das Leben gerettet - und so etwas verbindet, man kann es sich vorstellen, tatsächlich ungemein. Schneewittchen nickte. Sie verstand was er meinte, doch diese Kröte erschien ihr eine Herausforderung zu sein, die sich meistern ließ. Vorsichtig näherte sie sich der Kröte mit ihrer weichen, weißen Hand und zuckte noch nicht einmal zurück, als sie die Kröte berührte. Sie hatte überhaupt nichts Bedrohliches an sich. Zwar fühlte sich anders an als erwartet, und es gab keinen Grund Angst zu haben. Schneewittchen lächelte den Jäger an, und die Kröte verschwand mit einem beherzten Sprung wieder in den Sümpfen. „Nun kommen wir zur nächsten Mutprobe", verkündete der Jäger. Er war ziemlich stolz auf seinen ersten Erfolg und hoffte, dass auch das nächste Abenteuer Schneewittchen, das ja immerhin bereits so Einiges im Leben hatte durchmachen müssen, nicht unnötig verschreckte. Bisher hatte sie sich als durchaus tapfer erwiesen. Selbst den Wald hatte sie lange gemieden, doch nun war ihr anzusehen, dass sie mehr als gewillt war sich all ihren Ängsten entgegenzustellen. Nun ja, vielleicht nicht gerade allen. Ich erwähne dies deshalb, weil es nämlich nicht immer sinnvoll ist. Manche Ängste bergen in sich nämlich durchaus die wichtige Fähigkeit unser Leben zu retten (wenn einmal kein hilfreicher Jäger zur

Hand ist). Schneewittchen, die in ihrer Jugend gänzlich ohne Ängste oder Vorsicht gewesen war, hatte dies ja mit dem Biss in den vergifteten Apfel bezahlen müssen – beinahe gar mit ihrem Leben. Ein gesundes Misstrauen ist also ab und zu in jedem Fall angebracht, doch ist es, das gebe ich zu, nicht immer gerade leicht sich auf sein inneres Gefühl zu verlassen.

Zu viele andere Gedanken können unsere innere Stimme stören, und das hatte eben auch Schneewittchen am eigenen Leib ziemlich schmerzhaft erfahren. Der Jäger spürte dies alles instinktiv. Dadurch zeichnen sich richtig gute Jäger übrigens aus. Sie brauchen ein Gespür für das Gleichgewicht. Für das Gleichgewicht im Großen ebenso, wie für das Gleichgewicht im Kleinen. Sonst wäre er kein guter Jäger. Dieser hier jedoch, daran gab es nichts zu Rütteln, war ein besonders guter Jäger. Er blieb auf einer Lichtung stehen. Mit einem Mal hatte der Wald ein gänzlich neues Aus-sehen, ein neues Gewand bekommen. So hell war es auf dieser Lichtung, und die Luft flirrte vor lauter Leben und den Insekten, die sich auf den Blumen niederließen.

Der Zaunkönig zwitscherte laut vor sich hin und Schneewittchen hatte, genau in diesem Augenblick, das Gefühl, dass am Ende doch noch irgendwie alles auf eine wundersame Art wieder gut werden könnte.

Und dass, glaubt es mir, ist ein ganz und gar außer-gewöhnliches Gefühl.

„Hören Sie jetzt einmal in sich hinein, Hoheit", bat er Schneewittchen. „Wie fühlen Sie sich?"

Ein leichter Wind ging durch ihr dunkles Haar, und die Sonne erleuchtete ihre weiße Haut, die in diesem Augenblick noch heller als gewöhnlich wirkte. „Gut", antwortete sie, und das war die Wahrheit. In diesem Moment passte für sie einfach alles prächtig zusammen. „Und was machen wir als Nächstes?" „Einen Fluss überqueren", gab der Jäger zur Antwort. Man hörte ihn bereits von weitem rauschen. „Ist es denn ein breiter Fluss?", wollte Schneewittchen wissen. „Ja", gab der Jäger zurück. „Er ist breit und dennoch ist er gerade schmal genug". Schneewittchen konnte sich zwar darunter nichts vorstellen, doch der Jäger fand, dass das nicht schlimm sei.

„Wenn wir erst einmal am Fluss sind, so werdet Ihr es verstehen", versprach er ihr.

Schließlich erreichten sie den Fluß, der weder reißend groß, noch murmelnd klein war. In der Tat befand er sich mit seiner Größe etwa dazwischen.

Schneewittchen entledigte sich einer ihrer Schuhe und stippte den rechten Fuß ins Wasser. „Es ist weder zu kalt noch zu warm", stellte sie erfreut fest, während sie sich nun auch noch den zweiten Schuh abstreifte. Sie zog ihr langes, hübsches Kleid bis zu den Knien hoch und stieg ins Wasser. „Der Fluss ist nicht zu tief und nicht zu flach!". Sie bemerkte nun, dass sie ruhiger wurde. „Doch wird der Fluss auch so bleiben?" „Das weiß ich echt nicht", antwortete der Jäger. „Doch ich kenne jemanden, der das wissen könnte, und es schadet niemals diejenigen zu fragen, die sich wirklich auskennen."

In eben diesem Moment kam eine große Entenfamilie vorbeigeschwommen.

Schneewittchen, welches seit ihrer Zeit im Wald über die Fähigkeit verfügte mit Tieren zu sprechen, fragte die Enten: „Kann ich als Mensch es wagen diesen Fluss zu überqueren?"

„Was meinst Du denn?", quakte die Ente, die natürlich nicht wusste, dass sie es mit einer echten Hoheit zu tun hatte.

„Selbstverständlich!" Fast wirkte die Ente bei dieser Antwort empört.

Schneewittchen überlegte so vor sich hin, ob sie dieser Ente trauen konnte. Sie hatte sich früher in dieser Hinsicht ja oft geirrt.

„Was sagt Ihnen Ihr Gefühl?", wollte der Jäger wissen, dem bewusst war was in jenem Moment in Schneewittchen vor sich ging. Immerhin war er in einer der allerschwersten Stunden ihres Lebens bei ihr gewesen. „Ich für meinen Teil traue ihr", antwortete Schneewittchen entschlossen.

„Dann gehen wir!" Der Jäger lächelte.

Er hatte ein gutes Gefühl für alles in Wald und Flur – die Tiere mit eingeschlossen, und er wusste ebenfalls längst, dass die Ente sich nicht irrte. Mühelos durchquerten er und Schneewittchen den Fluss.

„Was wird denn die nächste Prüfung sein?" wollte Schneewittchen wissen.

„Wir werden einen Berg besteigen", fasste der Jäger das nächste Vorhaben knapp zusammen. „Vorher sollten wir allerdings jedoch noch etwas essen!" Er packte ein Stück Hefebrot und ein Getränk aus seiner Tasche und bot Schneewittchen beides an.

Ein feiner Stich durchfuhr sie. Schon einmal hatte sie etwas gegessen, das beinahe zu ihrem Tod geführt hätte. Prüfend sah sie dem Jäger in die Augen. Dieser wusste ihren Blick zu deuten und hielt ihm stand. Schneewittchen hörte in sich hinein und beschloss, dass dem Jäger und seinem Hefebrot zu trauen war. Auch diesmal irrte sie sich nicht. „Wie hoch wird der Berg sein?" wollte sie wissen.

„Weder zu niedrig, noch zu hoch schmatzte der Jäger, noch immer an seinem Hefebrot kauend, zurück.

„Was er damit wohl meint?", überlegte Schneewittchen neugierig. „Ihr werdet es gleich sehen", beantwortete der Jäger ihre Frage mit freundlichem Lachen, denn ihm war bewusst, dass er soeben ihre Gedanken gelesen hatte. Der Berg glich jenen, die Schneewittchen einst überquert hatte, als sie von ihrem Zuhause hatte flüchten müssen. „Was meinen sie nun damit- nicht zu hoch und nicht zu niedrig?" „Damit meine ich", erklärte der Jäger, „dass ich niemals einen niedrigen Berg für meine Majestät ausgewählt hätte, denn nach dem, was Ihr heute bewiesen habt, könnt

ihr auch einen hohen Berg überwinden."
„Woher wollt Ihr das eigentlich wissen?"
Schneewittchen war sich mit einem Mal
sehr unsicher, als sie so zu dem in den
Wolken versteckten Gipfel hinaufsah.

„Ganz einfach!"

Der freundliche Ausdruck des Jägers, der
zunächst nur in seinem Gesicht aufgeblitzt
war, hatte nun komplett Besitz von ihm
ergriffen. „Weil Ihr es vor Jahren schon
einmal geschafft habt!" Schneewittchen
nickte. „Sieben sehr steile, zudem zer-
klüftete und kolossal kalte Berge waren es
damals gewesen!" Gemütlich konnte man
das nicht gerade nennen, doch war es ihr
gelungen! Sie spürte erneut in sich hinein,
und ihre innere Stimme verriet ihr, dass sie
diesen Berg, zumal mit Hefebrot und
Quellwasser gestärkt, an der Seite des
Jägers würde bezwingen können. Der
Aufstieg war nicht leicht, und dennoch gut

für sie zu schaffen, genauso, wie sie es sich gedacht hatte.

Als sie auf dem Gipfel standen und der Wind ihr schwarzes Haar zerzauste, fühlte sie sich unendlich wohl. Nach dem Abstieg dunkelte es bereits, und es wurde zunehmend kalt. „Nun", gab der Jäger zu bedenken, „sollten wir ein Feuer entfachen!" Schneewittchen hatte offene Feuer bisher immer gefürchtet, doch sagte ihr eine innere Stimme, dass selbst etwas so Un-kontrollierbares wie Feuer, wenn man es richtig behandelte, keine Bedrohung mehr darstellen würde. Der Jäger suchte das Holz zusammen, und so saßen sie ge-meinsam und wärmten sich lange am prasselnden Feuer, bis Schnee-wittchen, vom Jäger bewacht, schließlich einschlief.

Gut und tief war in jener Nacht ihr Schlaf, böse Träume blieben fern von ihr.

Als sie am nächsten Morgen erwachte, war dort, wo das Holz gebrannt hatte, ein kleines Bäumchen gewachsen.

„Ein Bäumchen!" Rief sie überrascht aus. „Ein Apfelbäumchen, um genau zu sein", brummte der Jäger, der diese Dinge immer sehr exakt nahm. „Was ist nun die nächste Prüfung?" Schneewittchen war neugierig, aber auch voller Mut, denn es gab so vieles, das sie nun nicht mehr fürchtete. „Die nächste und letzte Prüfung", antwortete der Jäger, „ist die Geduld. Wir müssen nämlich nun darauf warten, dass dieses Bäumchen wächst und Früchte trägt." Sie blieben drei Tage in der Nähe des Baums, doch dieser wuchs nur unwesentlich. Der Baum war auch noch nach einer Woche recht klein, und - Geduld hin oder her, so musste Schneewittchen ihren zahlreichen Verpflichtungen bei Hof nachkommen. Doch in den nachfolgenden Monaten und

Jahren gingen sie und der Jäger den Weg zu dem Bäumchen hin, an Heidekrum vorbei, durch den Fluß und über den hohen Berg und das zumindest einmal pro zunehmendem Mond. Sie gossen das Bäumchen gut, schützten es vor Rehen und Käfern bis es schließlich zu einem großen, gesunden und schönen Apfelbaum herangewachsen war. Schneewittchen war durch diese häufigen Wanderungen immer sicherer geworden. Sie hatte die untrügbare Gabe erworben zu erkennen vor wem es sich Angst zu haben lohnte, und wann eine solche Angst nur eine Fessel war. Der Baum trug nun viele reife Äpfel und Schneewittchen spürte, dass es an der Zeit war nun endlich einen zu kosten. Doch hatte sie noch eine andere Idee, denn, das wusste sie, in Gesellschaft schmeckte einfach alles am Besten – das galt natürlich auch für Äpfel. Also sammelte sie die gesamte Erne mit Hilfe des Jägers ein, um sie den Zwergen zu bringen, welche gar nicht weit entfernt wohnten, und die sie schon häufig vermisst hatte. „Das wird ein richtiges Fest geben!" stellte der Jäger mit sich und der Welt zufrieden fest, und Schneewittchen, die sich innerlich schon ausmalte wie sie in einen der köstlichen Äpfel beißen würde, konnte ihm da nur beipflichten. „An deiner Stelle würde ich lieber gar nichts mehr essen!", hörte sie jedoch zu ihrem Entsetzen plötzlich jemanden von unten ganz grimmig vor sich hinmurmeln. Schneewittchen sah sofort zu Boden, um zu sehen wer denn da sprach. Tatsächlich, es war die Heidekrum, eine Kröte. „Das ist nicht die glitschige Kröte, die ich damals in den Händen hielt", war Schneewittchens allererster Gedanke. Zwar war Heidekrum eine durchaus gut aussehende Kröte, doch ging etwas sehr Düsteres und Bedrohliches von ihr aus, was Schneewittchen sofort zur Kenntnis nahm.

„Und warum sollte ich denn nichts mehr essen?", fragte sie die Heidekrum recht verwundert? „Nun ja", gab diese zurück, „als Ihr damals so wunderhübsch in dem gläsernen Sarg lagt, so durchscheinend, jeden Knochen konnte man unter dem Kleid durchschimmern sehen. Doch jetzt, so rund passt Ihr doch nicht einmal in Euren alten Sarg, da gehe ich jede Wette ein!" Schneewittchen war empört. „Und ob ich noch in meinen alten Sarg passe! Das werden wir ja sehen!" Der Jäger war entsetzt von diesem Vorhaben zu hören. Der gläserne Sarg existierte nämlich noch. Er stand an einer schwer zugänglichen Stelle im Wald in der Nähe der Wohnstätte der Sieben Zwerge. Der Jäger hatte kein gutes Gefühl dabei, als er sich vorstellte Schneewittchen würde nun tatsächlich versuchen sich in ihren alten Sarg zu zwängen. Natürlich war sie im Laufe der Jahre, in der sie zur Frau geworden war, nicht mehr in der gleichen Verfassung als sie noch, dem Tode nahe in ihrem Sarg gelegen hatte.

Doch Schneewittchen war nicht mehr aufzuhalten.

So schnell sie (mit all den Äpfeln, die sie für die Zwerge eingepackt hatten), nur laufen konnten, trabten sie in Richtung gläsernem Sarg. Heidekrum sah ihnen listig und ganz außerordentlich schadenfroh hinterher. Man hätte beinahe schwören können, dass sie dabei kicherte, allerdings weiß ich nicht zu sagen, ob Kröten so etwas überhaupt tun. Schneller als dem Jäger lieb war, stießen sie auf den von einem kleinen Bach vorsichtig umspülten Sarg. Er stand noch immer an der gleichen Stelle, an welcher der Prinz sein geliebtes Schneewittchen damals wieder zu sich kommen gesehen hatte. Doch nun bot sich ein ganz anderes Schauspiel.

Schneewittchen, die flugs hineingeklettert war, lag mittlerweile ganz starr, reglos, hoffnungslos eingeklemmt, beinahe schon himmelblau angelaufen, totengleich in dem nun viel zu klein gewordenen Sarg. „Warum habt Ihr das denn getan?"

Jammerte der Jäger. „Sie brauchen doch keinen Sarg! Wenn ich mich recht entsinne, sind Sie durchaus am Leben und sollten sich auch entsprechend danach verhalten! „Das würde ich auch sagen", hörte er mit einem Mal die Stimme der weisen alten Frau, die immer dort im Wald erschien wo ein Mensch in Not war. Sie legte ihre Hände auf Schneewittchens Sarg, und dieser löste sich auf, wurde zu zahllosen, perlenden kleinen Wassertropfen und verband sich mit dem Fluss. Unendlich erleichtert, wenngleich auch etwas nass geworden, erhob sich Schneewittchen. „Nun ist mir als könne ich wieder atmen", sprach sie dankend zu der Alten. „Das sollten Sie, Hoheit", gab ihr diese hohl lächelnd zur Antwort. „Atmen Sie, leben Sie, und vergessen Sie die Äpfel für sich und Ihre Freunde nicht!". „Nein, auf keinen Fall!", gab Schneewittchen freudig zur Antwort.

„Doch erlaubt mir Ihnen einen, den größten von allen anzubieten".

„Mit Vergnügen!" Die Alte biss in den köstlichen Apfel und sah Schneewittchen und dem Jäger noch lange nach. Diese waren nun gar nicht mehr weit vom Häuschen der Sieben Zwerge entfernt.

Schneewittchen schämte sich innerlich ziemlich bei dem Gedanken wie sehr sie sich von Heidekrum ins Bockshorn hatte jagen lassen, offenbar musste sie doch noch viel lernen! Aber diese Heidekrum hatte es auch in sich. Leicht war es zwar nicht, gegen sie an-zukommen.

Ganz und gar nicht.

Doch die Vorfreude auf ihre Freunde über-strahlte bald um ein Vielfaches jedes un-angenehme Gefühl.

Ja, das würde ein echtes Fest werden!

Das Glück in ihr wuchs an und so wurden auch ihre Schritte immer größer und schneller.

Heides Mädchen oder:

Dornröschens Verwandlung

Dornröschen, von Geburt an eine zu-künftige Königin, hatte sich, wie es ihr die böse Frau an ihrer Geburt vorausgesagt hatte, an einer Spindel gestochen und war in einen hundertjährigen Schlaf gefallen. Das gesamte Königreich, nach einiger Zeit mit Dornen überwuchert, konnte von niemandem mehr eingesehen werden – außer von Heidekrum, der Kröte. Normale Kröten können unmöglich so locker gleich einmal 100 Jahre alt werden – etwa so lange sollte der Fluch anhalten – doch diese Kröte hier war keinesfalls eine normale Kröte. Ab und an entschlüpfte sie ihren Sümpfen und sah sich das ganze Elend mit dem schönen, schlafenden Dornröschen und dem gänzlich erstarrten Königreich persönlich an. „Was für eine jämmerliche Verschwendung", dachte sie seufzend, als sie das schöne, junge Gesicht vom hübschen Dornröschen sah. „Na ja, aber immerhin altert sie nicht. Sie braucht nicht einmal Botox gegen Falten! Was für ein Glück, denn sämtliches Botox aus dem

Reich war mittlerweile weit weg nach Übersee verschifft worden, wo es weitaus reichere Abnehmerinnen fand als hierzulande. Immerhin, zu Heidekrums nahezu unendlicher Erleichterung, bewegte sich kein einziger Muskel im Gesicht der jungen Schlafenden, was der üblen Faltenbildung geradezu in idealer Weise entgegenwirkte. „Ach, du bist einfach mein Mädchen, *mein* Mädchen!", hauchte die Heidekrum sehr entzückt, bevor sie sich wieder in ihre Sümpfe zurückzog und auf das Erwachen vom schlafenden Dornröschen lauerte. (Zugegebenermaßen war dieses Warten mit gemischten Gefühlen verbunden, denn würde sie aufwachen, so würde nur ein einfaches Lächeln oder gar ein Stirnrunzeln zu ersten Falten führen). Allein der Gedanke daran entsetzte die Heidekrum zutiefst, so dass sie sich, (man kann ja nie früh genug damit anfangen), auf die Suche nach den besten Kosmetika des ganzen

Landes machte. Sie erwarb zudem drei Spiegel mit breiten, goldenen Rahmen, mit mannigfachen Edelsteinen verzierte Puderdöschen. Ein teurer hellblauer Lidschatten konnte, sobald man das ovale Tiegelchen öffnete, sogar ein kleines Lied spielen…. Es trug den Titel „Die Schönste im Land" und war aus dem Nachlass der mittlerweile, (beunruhigend faltig) verstorbenen, bösen Stiefmutter von Schneewittchen. Die schlaue Heidekrum hatte weder Kosten noch sonstige Mühe gescheut. Sie hatte einen mehr als luxuriösen, echt total raffinierten, porenverfeinerndes Talg zubereitet, einen „Primer", wie sie das nannte, hatte aus der besten Sumpferde Kajalstifte und aus gefärbter Tonerde Rouge angemischt. Aus fein gestampften Gelbkirschen hatte sie ein besonderes Mittel angerührt, welches die Nerven im Gesicht ein wenig lähmen sollte – gerade so viel, dass es zu keinen allzu ausdrucksvollen Gesichtsausdrücken, die das Risiko zur Faltenbildung in sich trugen, kommen sollte. *Ihr* Mädchen sollte sich die Schönheit lange, lange bewahren. Auch Schnecken wurden wieder eingesammelt, da gerade dem halb gegorenen und fünf Mal zentrifugierten Schneckenschleim eine enorme, magische und krass schönheits- fördernde Wirkung nachgesagt wurde. Etwas, was keiner dieser Schnecken ver- ständlicherweise in den Kram passte. Doch so geschickt sie sich auch zu verstecken suchten: Heidekrum fand jede von ihnen und verwendete sie für ihre Sammlung. Nun musste sie nur noch auf den vom Schicksal vorausgesagten Prinzen warten, der Dornröschen befreien sollte. Er konnte jetzt ruhig kommen: Sie, Heidekrum, war bestens vorbereitet. Sogar Lockenwickler

aus Tannenzapfen hatte sie gebunkert, wobei sie noch etwas unentschlossen hinsichtlich der Frage war, ob man das Haar in dieser Saison eher glatt oder lockig trug. Während sie noch darüber nachsann und in Gedanken ein voll funktionierendes Glätteisen aus Holzrinde und Harz entwarf, näherte sich der Prinz, so wie es vor vielen Jahren geweissagte worden war. In größter Tapferkeit schlug er sich den Weg frei durch das dichte, kräftige Gestrüpp und drang zu der schlafenden Schönheit vor. Liebe regte sich in seinem Herzen und vorsichtig begann er damit sie zu küssen, immer in der Hoffnung sie möge davon nun endlich wieder zum Leben erwachen. Seine Tränen benetzten ihr Gesicht, da es zu Beginn nicht recht gelingen wollte, doch dann, es war ein Wunder: Dornröschen schlug die Augen auf. Sie sah in das Gesicht des Prinzen und dieser blickte, noch immer etwas weinend- aber diesmal vor Freude – in das ihre. „Ihr seid wieder am Leben!". Dies waren seine ersten und seine letzten

Worte, denn nun wurde er von Heidekrum energisch zur Seite gestoßen. „Weg da, du Spinner!" Sie war zu Recht besorgt darüber, dass des Prinzen Tränen die ganze Grundierung, die sie Dornröschen Testes halber bereits schon einmal dick aufgetragen hatte, verwischen und ruinieren würde. Der Prinz stand völlig verdutzt mitten im Nirgendwo – ohne Dornröschen, denn Heidekrum hatte es mit dem Lied aus der ovalen Dose und dem glitzernden Gold einfach hinter sich hergelockt. Dornröschen, das seit 100 Jahren nichts und niemanden mehr gesehen und gehört hatte, war verständlicherweise enorm gut abzulenken und leicht zu beeinflussen. Etwas, was sich die Kröte nun natürlich zunutze machte. Dennoch blieb vor Dornröschens Augen das Bild des lieben Prinzen. Seine Augen erschienen ihr in Gedanken, und sie begann verträumt vor sich hinzulächeln. „Schluss mit der duseligen Träumerei!", giftete Heide Dornröschen an. „Du hast jetzt ja wohl lang genug dumpf vor dich hingeträumt!" Dornröschen erschrak ein wenig. „Diese Kröte ist kein Ersatz für ein menschliches Antlitz", dachte sie bei sich. Heidekrum, wer weiß schon, ob sie nicht auch noch Gedanken lesen konnte, jedenfalls wusste sie offenbar sofort was es zu tun galt. „Hier!" Sie reichte Dornröschen einen der so reich verzierten Spiegel. Dornröschen erblickte sich – und im gleichen Moment war der gute Prinz vergessen. „Wie schön ich doch bin!", hauchte sie entzückt. „Ja, ja, schon gut", gab ihr Heidekrum etwas ungeduldig zurück. Dornröschen begann ihr ein wenig auf die Nerven zu gehen, allerdings nur ein klein wenig. Ihre Schönheit machte vieles wett. „Obwohl - ohne Primer sind deine Poren doch noch etwas groß!" „Was ist das?" Dornröschen war ehrlich verblüfft. „Wirst Du schon sehen!" Und so begann die Heidekrum hochmotiviert mit ihrer Schönheits-behandlung. Wie von der Kröte präzise vorausgesagt sah Dornröschen nach nur dreieinhalb Stunden von Heides Spezial-Behandlung mindestens viermal so schön aus als zuvor. Erneut sah sie ihn den Spiegel. „Ich liebe mich", wiederholte sie nun immer wieder. „Ich liebe mich sooo sehr!" Zufrieden nickte die Heidekrum. „So muss es sein, jawoll!" „Und - falls dieser komische Prinz nochmal auftauchen sollte, dann schlagen wir ihn mit dem Spiegel so lange auf den Kopf bis er tot umfällt!" Dornröschen nickte heftig. „Der soll sich hier bloß nicht noch mal blicken lassen!" „Locken hatte er!", seufzte die Heide. „Locken-Oh-No-Schande! Locken in *dieser* Saison!" „Wie peinlich!" Beide schüttelten sich vor Entsetzen. Um es kurz zu machen: Der Prinz tauchte nicht wieder auf. Er war gegen Süden geritten – und je weiter sein

Pferd ihn von Heide und dem eitlen Dornröschen mitsamt der knarzigen Kröte wegtrug, umso leichter wurde ihm ums Herz. Ein paar Schnecken hatten sich ihm klammheimlich ans Revers geheftet. Und so konnte er, am Ende, doch noch so einige Leben retten und verschönern. Es kommt zwar nicht immer so wie man denkt, aber die Schnecken hat es immerhin gefreut den Gefahren ihrer alten Heimat entkommen zu sein. In Irland, dort wo er sich schließlich zur Ruhe setzte, gab es ganz unfassbar feines Gras für sie. Und das war natürlich ungleich besser als der Heidekrum für ihre Elixiere zu dienen. Soviel stand fest.

Dornröschen suchte sich mit der Zeit eine neue Herausforderung. Sie vermählte die Heidekrum mit dem grünen Frosch.

Dies, es soll nicht verschwiegen werden, machte sie mit viel Geschick, Geduld und Liebe fürs Detail, also ausgesprochen gut.

Die Erbse und die Prinzessin

Aus Gründen, die vor allem mit der überaus ausgeprägten Schüchternheit der ziemlich sensiblen Prinzessin zusammenhängen, kann ich an dieser Stelle kein Bild von ihr veröffentlichen. Zwar gab es zu jener Zeit noch nicht die Möglichkeit immer und überall ein Bild von sich selbst auf- zunehmen, doch gab es immerhin begabte Hofmaler, zumal am Hofe einer echten Prinzessin- und das war Senta ganz ohne Zweifel. Doch schickte sie den Hofmaler immerzu fort. Der Geruch der Farbe störte sie, das helle Licht, das Geräusch des Pinsels auf dem Gemälde- aber auch die Tatsache, dass sie ein für alle Mal auf diesem Bild festgehalten sein würde. Das war etwas, was ihr ganz und gar nicht behagte. Kurz und gut: Es gab also nicht ein einziges Bild von ihr, noch nicht einmal als

Kind. Senta hatte dem Hofmaler bereits damals deutlich zu verstehen gegeben was sie von solchen Abbildungen ihrer selbst hielt. Auch sonst unterschied sie sich sehr von anderen Prinzessinnen. Da ihre Eltern bald genug von ihrer eigenwilligen Tochter Senta hatten, die sie als mehr als über-empfindlich empfanden, packten sie ihr ein königliches Bündel und schickten sie aus dem Haus. So ganz leicht fiel es ihnen zwar nicht, doch diese Tochter war nun einmal viel zu kompliziert. So wanderte Senta schließlich durchs Königreich, fühlte jedes Steinchen durch ihre Schuhe drücken und jeden noch so leichten Flügelschlag eines Schmetterlings oder Käferchens an ihrer Wange. Sie fühlte jeden Sonnenstrahl heiß durch ihre Kleidung brennen, und sie konnte es sogar bemerken, wenn die Nacht sich von Zeit zu Zeit ein wenig zu fest um sie legte. In einer solchen Nacht, in der sie glaubte gleich von der Dunkelheit erstickt zu werden, sah sie mit einem Mal ein feines Licht, das von einem großen Haus her- überschien, welches sich nur noch etwa zwei- oder dreihundert Schritte von ihr entfernt befand. Das Haus sah beinahe schon majestätisch aus, fast wie ein Schloss. Hinter den Türen hörte sie einen Prinzen wispern und flüstern. Er sprach wohl mit seiner Mutter. Sie vernahm eine weibliche Stimme, die jedoch bereits ein wenig brüchig klang, so wie das bei älteren Menschen häufig der Fall ist. Tatsächlich flüsterte der Prinz, da er nicht wollte, dass seine Angestellten etwas von seinen Plänen erfuhren. Der Prinz nämlich war auf Brautschau, was zu dieser Zeit nicht einfach war, vor allem, wenn man tat- sächlich die bekommen wollte die man im

Sinne hatte, Ich gebe zu, dass das kompliziert klingt, doch kann ich es sicherlich noch ein klein bisschen besser erklären: Zu jener Zeit gaben sich fast alle für jemand anderen aus; eigentlich ist das so ähnlich wie heutzutage. Manche Dinge wiederholen sich eben immer wieder. Und so waren dem Prinzen bereits so einige Hochstaplerrinnen untergekommen, die sich zunächst als echte Prinzessinnen aus-gegeben hatten, wobei nicht eine Einzige auch wirklich eine Edelfrau ge-wesen wäre. Entsprechend misstrauisch beäugte er daher das weibliche Wesen, das um Einlass für die Nacht bat. Sie gab sich, das wunderte ihn nicht, als eine echte Prinzessin aus. Da sie ihm allerdings sehr gefiel, wollte er sich die Mühe machen und ihre Aufrichtigkeit genau testen. Das feine Gästezimmer, in das er sie geleitete, war wundervoll für sie hergerichtet. Mit Eider-Daunendecken und acht oder neun übereinandergestapelten seidigen Matratzen ausgestattet - (es können sogar mehr gewesen sein), mit Überzügen und Kissen, Gardinen aus dem Orient und ebensolchen Lämpchen und zudem mit silbernen Tee-karaffen verziert. Hier musste man einfach den tiefsten Schlaf und die süßesten Träume finden – es sei denn… Ja, es sei denn. Das war es, was der Prinz vorhatte. Unter all den weichen Matratzen und Daunendecken platzierte er eine einzige, kleine Erbse. Sollte sie diese Erbse spüren, so war sie, dessen war er sich sicher, eine wahre Prinzessin. Am nächsten Morgen fragte er wie sie wohl geschlafen habe. Senta war zu höflich, um zuzugeben, dass sie wegen des heulenden Windes kein Auge zugetan hatte, und so dachte der

Prinz zunächst, dass auch sie sich nicht von all ihren Vorgängerinnen unterschied. Im Gegensatz zu sonst stimmte ihn das traurig. So gut hätte sie ihm gefallen. Senta ging es ebenso. Die Prinzessin spürte die Wärme, die von ihm ausging und wollte ihm eine Freude machen. So begann sie ihm die Geschichte von der Erbse zu erzählen, die sie zu Beginn der Nacht unter ihrem Bett gespürt hatte. Senta hatte sie unter all den Eider-Daunendecken und Matratzen, Kissen und Überzügen erfühlt und die Erbse daraufhin freundlich gebeten doch ein wenig zur Seite zu rollen, auf die linke Seite, so dass sie selbst auf die rechte Seite hatte ausweichen können. Es war eine zuvorkommende Erbse! Flink rollte sie sich ganz auf den linken Rand unter der achten oder neunten Matratze. „So konnte ich mich auf die andere Seite rollen, und wir beide waren sehr zufrieden… immerhin spürte auch die Erbse etwas weniger Last auf sich, wo ich doch nun auf der anderen Seite lag. Hätte da nicht der Wind angehoben zu heulen, so hätte ich sicherlich durchgeschlafen in diesem übertrieben prächtigen Bett!" „Sie ist eben eine echte Prinzessin!", sagte da der Prinz zu seiner Mutter und erzählte ihr alles. „Ja, in der Tat eine echte und edle Prinzessin", bestätigte ihm die Mutter das Gesagte. „Doch nicht nur weil sie die Erbse fühlte!" Der Prinz nickte. Er wusste was seine Mutter damit sagen wollte. Dass nämlich jemand, der so höflich mit einer kleinen, unscheinbaren Erbse spricht und sich zudem noch so ihre eigenen Gedanken über deren Wohlergehen macht, niemand anders sein kann als ein wahrhaft edler Mensch, eine Edelfrau, also kurz und gut: Eine Prinzessin.

Noch im gleichen Jahr, am ersten Mai-Sonntag, feierten sie ihre Hochzeit. Auf den sonst traditionell gereichten Erbseneintopf wurde jedoch einstimmig verzichtet. Aus verschiedenen Gründen hätte man so etwas als geschmacklos empfunden – doch war es dennoch ein ausnehmend großes, rauschendes Fest, von dem man noch nach Jahren sprach. Selbst die sonst so abgebrühte Heidekrum erzählte davon überall in den Sümpfen, all die wilden Vögel wiederum zwitscherten es von den Ästen. Zurecht. Denn niemals wieder waren zwei Liebende so überaus glücklich miteinander wie diese.

Rapunzels Perücke

Rapunzel, die einige Jahre glücklich mit ihrem Prinzen gelebt hatte, wurde durch einen tragischen Kampf der zahlreiche Opfer forderte, über Nacht zur Witwe.

Ihr Mann war auf dem Schlachtfeld vor Schweden gefallen, da er sein Reich im Kampf hatte vergrößern wollen. Rapunzel, von Natur aus nicht für den Krieg zu haben, beschloss daraufhin das Reich in den Frieden zu führen. Doch kam ihr etwas dazwischen. In der Nacht, in welcher man ihr vom Tod ihres geliebten Mannes erzählt hatte, waren ihr – in einer einzigen Nacht- alle Haare ausgefallen. Das, was man bisher vor allem mit ihr in Verbindung gebracht hatte, ihren langen Haare, waren nun nicht mehr. Doch, so dachte sie, würde man sich daran gewöhnen. Zunächst ging Rapunzel den Staatsgeschäften daher wie gewohnt nach. Über den Kopf hatte sie ein schwarzes Tuch drapiert, welches von einem schmalen, goldenen Reifen gehalten wurde. Doch noch ehe das Trauerjahr vorüber war, musste sie schmerzlich bemerken, dass man sie bei Hofe nicht mehr respektierte.

Wenn es schon eine Frau war, welche die Staatsgeschäfte zu leiten hatte, dann sollte es doch zumindest eine schöne, junge Frau sein.

Ohne ihr besonders Haar war Rapunzel ihnen als Königin nichts mehr wert, und das ver-steckten sie nicht gerade vor ihr.

Rapunzel ging nun oft in den Sümpfen spazieren, um sich zu überlegen wie es in Zukunft mit ihr und dem Königsreich weitergehen sollte. Eine Kröte, vermutlich handelte es sich um Heidekrum, verfolgte sie dabei hartnäckig, und nahm keinerlei Rücksicht auf Rapunzels trübe Gedanken.

„Trag´ wenigstens ´ne Perücke", raunzte sie die Königin an.

„Kann man ja nicht mit ansehen!" Und obgleich Rapunzel sonst nicht so viel auf die Meinung von Kröten gab, vor allem nicht, wenn sie so flapsig vorgetragen wurde, hörte sie in diesem Fall auf sie. Zu dieser Zeit waren Perücken üblich, obgleich sie gerade dabei waren gänzlich aus der Mode zu kommen. Doch man könnte die Perücke moderner gestalten, so dass sie möglichst natürlich aussah, überlegte sich Rapunzel. Vielleicht würde das alles noch zum Guten wenden, und man würde sie bei Hofe wieder mit Respekt behandeln. Doch so sehr sich all die vorzüglichen königlichen Perückenmacherinnen und Coiffeure auch bemühten und berieten: So schön wie ihr altes Haar konnte keine Perücke werden. Sie war nun, da auch die letzte Hoffnung verblasst war, es konnte nicht mehr länger geleugnet werden, eine ganz Andere geworden. Bei Hofe tuschelte und lachte man über sie, und so beschloss sie für immer fortzugehen in ein Land, in welchem man sie nicht kannte, und in dem niemand wusste wie sie früher ausgesehen hatte.

Sie ließ sich eine silberne Kutsche mit acht Schimmeln geben, verteilte die restlichen Schätze unter den wenigen Menschen, die sich ihr gegenüber auch in ihrer seelischen Not freundlich gezeigt hatten und verließ das Königreich für immer. Zunächst kam in ein Land, das man „Schweiz" nannte, überquerte die Berge, landete im warmen Italien, im so außerordentlich eleganten Frankreich und schließlich dann im stolzen Spanien. Überall bemerkte man höhnisch, dass mit ihrem Haar etwas nicht stimmte. Nirgends dort wollte sie bleiben. Es war nicht schön so angestarrt und verhöhnt zu werden. Weder zu Hause noch in der Fremde. Gab es denn überhaupt noch ein Zuhause für sie? Rapunzel war sich dessen überhaupt nicht mehr sicher. Es kam ihr so vor, als hätte sie restlos alles verloren. Nur die Schimmel waren immer gut zu ihr, so wie auch Rapunzel immer gut zu ihnen war.

So fuhr sie ganz hektisch immer weiter und weiter. „Irgendwo wird es den Menschen doch egal sein!", hoffte sie. Schließlich, ein sehr langer Weg lag bereits hinter ihr, und die Schimmel waren müde geworden, erreichte sie Portugal.

Weiter mochte sie nicht fahren.

Ihre Schimmel taten ihr leid. Sie saß nun oft am weiten Meer, roch seine Frische und fühlte dabei seine Kraft und die zärtliche Erhabenheit, mit der Wind ihr Gesicht streichelte. Er strich ihr nicht nur über das Gesicht, sondern über den ganzen Kopf, den sie nun nicht mehr unter Tüchern oder Perücken versteckte. Je länger der Wind sie sanft streichelte, desto klarer kehrte ihre frühere Kraft in sie zurück.

Und plötzlich, mit einem Mal war ihr egal was die Menschen sagten oder sagen würden. Gänzlich egal.

Anmerkung, oder: Ein halbes Märchen

Diese Meerjungfrau ist bei Anke Hartmann zu erwerben. In Ihrem Shop (Daten im Anhang) Das Besondere an dieser kleinen Meerjungfrau ist, dass sie sich, selbst nicht für einen menschlichen Prinzen, verändern würde. Ich nenne es ein *halbes Märchen*, weil die andere Hälfte ganz genau so passiert ist. Deswegen, das weiß sie schon seit sie eine ganz kleine Meerjungfrau war, möchte sie jemanden nehmen, der zu ihr passt. *„Einen mit 'ner Flosse!"* Manche Meerjungfrauen wiederum haben so ganz andere Pläne. Es gibt genauso viele wie Menschen (oder eben Meerjungfrauen selbst). Finde heraus, wer Du wirklich bist, was Dich ausmacht, was Du gerne machst, was Du gut kannst, wen Du wirklich magst. Es gibt so vieles! Du bist nicht auf dieser Welt um anderen zu gefallen.

In diesem Sinne: Lass Dich nicht verbiegen!

Alma und der Drosselbart

Die Geschichte vom König Drosselbart verhielt sich in Wahrheit ganz anders. Nun kann man sich fragen was die Wahrheit überhaupt sei. Also: Die Wahrheit ist, das hat mir Gerda, die Eule erklärt, wie ein unendlich großes Mosaik, von dem wir immer nur einen Teil sehen oder hören. So ging es auch den Erzählern der Geschichte von König Drosselbart.

In dieser geht es um eine Prinzessin, die verheiratet werden soll, aber an jedem Kandidaten etwas auszusetzen hat. Was jedoch bisher noch niemand erzählt hat ist, dass die Prinzessin Alma eine der ersten Freiwilligen war, die bei einer Modeschau teilgenommen hatte.

Modeschauen liefen damals noch ganz im Geheimen ab. Die listige Heidekrum, eine Sumpfkröte, hatte die schönsten jungen Frauen der Umgebung versammelt und ließ sie an einer Horde von Männern, die

„Juroren" genannt wurden, auf und ab laufen. Diese Männer gaben jeder der Prinzessinnen eine „Note". Streng waren sie dabei. Überall hatten sie etwas zu nörgeln oder auszusetzen. Manchmal war es nur eine Kleinigkeit, dann aber kam es auch vor, dass kein gutes Haar an einer der Teilnehmerinnen gelassen wurde. Über manch eine wurde Spott und Häme ausgegossen.

Nur Alma blieb davon verschont- soweit man von so etwas überhaupt verschont bleiben kann.

So oft nahm sie nämlich teil, dass ihr das Spotten nach und nach als etwas ganz Normales vorkam. Als nun der eine Tag anbrach, an welchem ihr Vater all die Männer für sie aufmarschieren ließ, von denen er sich im Finale einen Schwiegersohn erhoffte, da war sie unweigerlich an eine der Modeschauen erinnert. Im Vergleich zu den schönen Frauen schnitt keiner der Männer gut ab. Allein ihr Gang! Fürchterlich! Alma selbst hatte in vielen Stunden gelernt elegant einen Fuß vor den anderen zu setzen. Angefeuert von der Heidekrum hatte sie das Becken kreisen lassen und das Genick zurückgeworfen.

Das war vielleicht ein Anblick gewesen! Diese Männer jedoch trampelten und gockelten, schlichen oder polterten. Wie sollte ihr also ernsthaft einer gefallen? Alma tat nun nichts Anderes als die Juroren, da sie aber eine Frau war, und Frauen zu dieser Zeit niemals Juroren waren, und zudem die Mehrheit der Menschen damals noch nicht einmal wussten, dass es so etwas gab, wurde Alma für hochnäsig gehalten und angefeindet. Die Einzelheiten möchte ich Euch ersparen.

Einer der Gockel, der sich besonders aufrecht hielt, war der „König Drosselbart", den sie besonders verspottete. Zur Strafe musste sie mit ihm gehen. Ja, eine sehr grausame Strafe, das war damals so. Dieser „König Drosselbart" war nicht gerade besonders freundlich wie er mit ihr umging war mehr als boshaft. Vermutlich war er nachtragend und hasste den Namen, den Alma ihm bei dem Schaulaufen der Hochzeitsanwärter gegeben hatte:

„Drosselbart"! Das sollte dieses arrogante Weib büßen! Es ging sogar soweit, dass man nicht davor zurückschreckte sie zu brechen und ihren Willen zu zerstören. Als der König Drosselbart schließlich zufrieden dachte, dass er Alma nun soweit hätte, spielte ihm die Heidekrum einen Streich. Selbst ihr ging Drosselbart auf den Zeiger. Und das will etwas heißen! Ihr wisst ja, dass sie eine Kröte ist. Als Kröte gelang es ihr das nervöse Pferd des Königs Drosselbart zu erschrecken, indem sie sich auf den Waldweg setzte und auf Ross und Reiter wartete. Das Pferd scheute, Drosselbart stürzte herab und erlitt eine so schwere und nachhaltige Gehirnerschütterung, dass er vergaß wer er war, und natürlich vergaß er auch wer Alma war. Viele Jahre zog er durch die Wälder. Er hatte auch vergessen, dass er einst boshaft gewesen war. Wenn man so etwas je vergisst, das ist eine merkwürdige Regel, dann ist man es zumeist nicht mehr. So war es auch bei ihm. Er lief durch die Wälder, fütterte Vögel und sammelte Beeren.

Sein Bart wurde länger und länger.

Alma hingegen genoss die freie Zeit und widmete sich wieder den Modedingen. Bald stieg sie zur ersten Capo-Jurorin auf, woraufhin die Heidekrum erzürnt das Weite suchte und ihren selbstlosen Akt, nämlich Drosselbart außer Gefecht zu setzen, bereute. Alma setzte völlig neue Maßstäbe. Das konnte und wollte die Heidekrum nicht akzeptieren.

Ihr Plan war es Drosselbart zurückzuholen, damit dieser die aufsässige Alma endlich in ihre Schranken verweisen würde. Bald schon hatte sie ihn aufgespürt und sowohl behutsam als auch hartnäckig zurück in die heimischen Gefilde geführt.

Der König Drosselbart jedoch erkannte Alma nicht. Die Heidekrum gab ihm zwar den ein oder anderen Hinweis, doch noch immer wusste er beim besten Willen nicht wer er war, geschweige denn wer Alma oder die anderen waren. Er selbst wurde, wegen seines langen Bartes, ebenfalls von niemandem erkannt. Ein klein wenig ratlos stand er da und die Heidekrum verdrückte sich zunächst einmal und ließ die anderen machen. Da man nicht recht wusste was man mit ihm anfangen sollte, ließ man ihn kurzerhand an einer Modeschau teilnehmen, die es nun auch mit männlichen *Vorbildern* gab. (So nannte man die Models früher). Drosselbart wurde als Vorbild für den Mann mit dem längsten Bart gewählt, und Alma konnte nicht umhin sich einzugestehen, dass er ihr wirklich gut gefiel. Ihr wurde ganz heiß bei seinem Anblick.

Nicht nur sein Bart, seine ganze Art… „Darf ich Sie ein Stück geleiten?", fragte er so vorbildlich wie eben nur ein echtes Vorbild fragen konnte. Alma hatte nichts dagegen. Als sie sich schließlich in der Nähe ihres Schlosses befanden, rief das Gesinde: „Das ist doch der König Drosselbart!" Sie erkannten ihn nämlich sofort an seinem aufrechten Gang.

Und da sagt nochmal jemand, dass das Gesinde nicht auf Zack sei. Als er seinen Namen nach so vielen Jahren wieder hörte, fiel ihm wieder ein, dass er tatsächlich ein König war. In den Wochen die folgten ertappte sich Alma immer häufiger dabei wie sie an ihn dachte. Sogar ihre Tätigkeit als Jurorin litt darunter. Einmal wählte sie gar einen wilden Enterich als Vorbild, der sich zufällig mitten in die Modeschau hinein vererpelt hatte. So etwas kann passieren, wenn man nicht ganz bei der Sache ist. Dem König Drosselbart ging es genauso.

Wenn er Alma nur ansah blieb die Welt für ihn stehen. Kurzentschlossen schrieb er sich wieder in eine der Wahlen ein. Von der Bühne aus wollte er ihr einen Antrag machen. Doch kam er nicht dazu. Alma kam ihm zuvor. Sie war eben schon immer ein sehr zupackender Mensch gewesen. Den König Drosselbart kümmerte das überhaupt nicht. Hauptsache er hatte seine Alma, durfte sie in seinen Armen halten.

Und so wurde, wen wundert es, als die ersten schönen Mandelbäumchen blühten, Hochzeit gefeiert. Wie enorm stattlich der Bräutigam mit seinem Bart aussah! Almas Eltern waren mehr als gerührt und froh darüber die Tochter endlich verheiratet zu wissen.

Neidisch schielte die Heidekrum am Tag der Hochzeit auf ihn und auf seine glückliche Braut. Dann jedoch trollte sie sich zurück in die Sümpfe, wo ihr eigener

Verehrer, ein hübscher grüner Frosch, bereits sehnsüchtig auf sie wartete.

Alma gab ihren Beruf übrigens nach der Hochzeit nicht auf.

Das hat sie mir aufgetragen unbedingt noch zu erwähnen. Dabei ist das doch logisch. Sie baute ihn aus und wurde über alle Landesgrenzen hin bekannt, was zunächst etwas anrüchig erschien- so war sie ja schließlich eine Prinzessin. Von einer Prinzessin erwartete man nicht, dass sie arbeiten musste. Allerdings war es vor allem ja aber eher so, dass Alma arbeiten *wollte*. Sie konnte sich nicht vorstellen einfach nur da zu sein und nichts zu tun. Was Alma sich also in den Kopf gesetzt hatte, das zog sie nun einmal immer durch. Und das mit Erfolg, denn immerhin: Wenn einem etwas wichtig ist, dann bleibt der Erfolg zu meist nicht aus. Bei Alma schon gar nicht. Oder hättet ihr von Alma ernsthaft etwas Anderes erwartet?

Die Flaschenpost

Prinz Heinrich und Prinzessin Feodora lebten in wunderschönen Schlössern, vor Hügeln, Bergen und Wäldern, direkt am Wasser, lediglich durch ein tiefes Meer voneinander getrennt.

Unter dem Wasser ging Einiges vor, über das wir Menschen nicht gerade viel wissen, so wie Meerhexen, unparteiische Fische, Seejungfrauen, lebende Algen oder kleine Meermenschen, denen das Wohl der Menschen außerhalb des Wassers weitaus wichtiger ist als man vermuten würde.

Und so sahen auch Heinrich und Feodora immer nur die Oberfläche des Wassers, mal ruhig, mal wild vor sich.

Durch Erzählungen der Seefahrer hatten sie schon seit ihrer Kindheit viele kleinere und größere Geschichten und spannende Berichte voneinander gehört, doch waren ihre Familien seit Jahrzehnten so stark miteinander verfeindet, dass sie ihrerseits die Seefahrer, besonders den alten Paolo, dem aus Girgent, und damit aus dem Süden kam, recht vorsichtig, dezent und geschickt ausfragen nach dem jeweils anderen mussten, während dieser die Paläste mit den Schätzen aus dem reichen Sizilien belieferte, denn niemals wäre es weder dem Prinzen, noch der Prinzessin jemals erlaubt ge-wesen den anderen zu treffen. Zu tief war der Hass zwischen den Familien, als dass eine beginnende Freundschaft, vielleicht sogar eine zart beginnende Liebe, stark genug gewesen wäre einen solchen Hass zu überwinden. Prinzessin Feodora besaß nun aber, das war ihr erstes Glück, bereits eine Locke des Prinzen Heinrich, welche ihr der Seefahrer Paolo aus Girgent heimlich mitgebracht hatte, das zweite Glück, diesmal für den Prinzen, war es, dass er ein helles Stofftuch der Prinzessin besaß, welches ihn auf gleichem Wege erreicht hatte. Von dem Seefahrer, der das Meer kannte, war dann letztlich noch die Idee mit der Flaschenpost gekommen, wobei dieser sich persönlich, mit einigen ganz besonderen Kostbarkeiten aus dem fernen, südlichen Girgent ausgerüstet, mit dem alten Kellermeister und dem untersten Sekretär des Hofes besprach, wonach er Prinz Heinrich einige leere Flaschen, Papier, Tinte, eine Schreibfeder und ausreichend Siegelwachs als Geschenk überreichen konnte. All dies gut versteckt in einer hölzernen Truhe, so dass neugierige Augen es nicht sogleich entdecken konnten. Auch Feodora wurde, nur einige Tage später, das gleiche Geschenk zuteil. Man darf die Seefahrer, die Menschen des Meeres, vor allem nicht jene aus dem Süden, in ihrer großen Güte niemals unterschätzen. Das Glück konnte sich nun fast ungehindert von

Heinrich zu Feodora und wieder zurück ausbreiten, vermehren und verschönern. Ihr weiteres Glück bestand nämlich darin, dass das Meer auf keiner der beiden Seiten durch hohe Klippen gesäumt war, sondern dass es sich vielmehr durch zwei gut begehbare Steinstrände zur Ruhe bringen ließ, so dass Prinz und Prinzessin sich so weit an das tiefe Meer heranwagen konnten, dass es nur noch das Nass war, welches sich zwischen ihnen hin und herbewegte. Ein weiteres Glück zog dieser Umstand nach sich. Er hing zwar nicht unmittelbar mit dem ersten Glücksfall zusammen, doch wie so oft im Leben vermag es das Glück ein weiteres Glück nach sich zu ziehen. Der zweite Glücksfall also war, dass es eine Strömung gab, welche sich direkt vom Schloss der Prinzessin zum Schloss des Prinzen hin bewegte- und, obwohl dies den Gesetzen der Physik widersprach, auch wieder zurück. Doch unter Wasser sind noch andere Kräfte am Werk, von denen wir noch nicht einmal ahnen können wie es sich letztlich mit ihnen verhält. Der Prinz und die Prinzessin kannten sich nun nicht nur über all die Erzählungen, sondern zunehmend auch über all die langen Briefe, welche sie über ihre Flaschenpost austauschten, was natürlich zuweilen etwas mühsam sein konnte. Doch gab es nichts, was die beiden davon hätte abhalten können. Kein nasser Rocksaum und schon gar keine nassen, königlichen Lackschuhe. Heinrich konnte sich nicht vorstellen, dass es einen schöneren Menschen als Feodora geben könnte, und umgekehrt war sich auch Feodora ihrer Sache sicher: Einen edleren und mutigeren Prinzen als Heinrich hatte die Welt noch nie zuvor gesehen. Derlei Übertreibungen sind normal für Verliebte, das soll aber ihre Gefühle füreinander nicht schmälern. Im Gegenteil.

Mit den Augen der Liebe sieht man eben einfach alles so überaus schön und in den wundervollsten Farben. Tag für Tag fieberten sie dem Brief des anderen entgegen, und ehe ein Jahr um war, hatten sich beide fest in den Kopf gesetzt auch die letzten Gefahren und Mühen zu überwinden, um sich endlich in die Arme schließen zu können. Das Stofftuch von Feodora hatte bereits den salzigen Geruch des Meeres angenommen, da Heinrich es immer mit sich trug. Seiner Locke war es anders ergangen. Diese wurde von Feodora wie ein großer Schatz im Palast versteckt. Doch eines, was sich gleich war, blieb ihre Sehnsucht zueinander. Den Seefahrer Paolo, der wieder einmal von einer seiner langen Reisen aus dem schönen Girgent zurückgekehrt war, und der dem verstohlenen Raunen der Fische und Meeresbewohner gelauscht hatte, beschlich eine unbestimmte Angst. Es gibt dort unten im Meer, tief an seinen Gründen, nämlich das Böse. Auch dieses kann sich verbreiten und wachsen wie das Glück. Das Böse, welches sich bereits in den Herzen der anderen Palastbewohner breitgemacht hatte, war nun auf das Glück von Heinrich und Feodora aufmerksam geworden und trachte nach ihm und ihrer Freude aneinander. Die Fische verhielten sich bei derlei Ansinnen in der Regel neutral, von ihnen war also wenig zu befürchten. Doch insbesondere die seit vielen Hunderten von Jahren hier eigens angesiedelte Meerhexe, mit der Paolo schon den ein oder anderen Kampf geführt hatte, brütete und dachte in ihrem bösen Kopf schon seit geraumer Zeit darüber nach wie sie das Glück der beiden Königskinder für immer würde zerbrechen können. Zunächst gingen einige, dann alle der Flaschen zu Bruch, Briefe wurden nicht mehr zugestellt. Sie verblassten und zerweichten am Grunde des Wassers.

Die Sehnsucht der beiden zueinander wuchs und wuchs dadurch ins geradezu Unermessliche. Feodora fasste sich als Erste ein Herz und beschloss sich auf einem alten Weinfass durch die Strömung hin zu Heinrich treiben zu lassen.

Feodora war eben keine Frau des langen Nachdenkens. Während Heinrich noch mit der komplizierten Konstruktion eines Bootes befasst war, hatte Feodora bereits für das leere Weinfass gesorgt und war zur Überfahrt bereit. Paolo, dem dieser Plan zugetragen worden war, befand sich in höchster Sorge.

Die kleinen Meermenschen, von denen nur ein echter Sizilianer, wie er, wusste, versprachen ihm Feodora vor allen Gefahren zu schützen und ihr bei der Überfahrt behilflich zu sein. „Ich liebe Dich mehr als mein Leben", hatte Friedrich in einer dieser letzten, nicht angekommenen Botschaften, geschrieben. Diese waren von der verbitterten Meerhexe abgefangen und gelesen worden. Ihr Hass auf die beiden wuchs ebenso wie die Sehnsucht der Liebenden. Schließlich nahte für Feodora die Nacht der Überfahrt. Feodora konnte es kaum erwarten bald bei ihrem Heinrich zu sein. Die Meerhexe hingegen versuchte alles in ihrer Macht stehende, um die Überfahrt zu verhindern. Sie sorgte für Wellen, für Strudel, für Donner und für Blitz, doch mit nichts gelang es ihr Feodora aufzuhalten. Nur die schlaue Heidekrum, eine Kröte, die der Meerhexe schon einige Male positiv aufgefallen war, würde jetzt noch helfen können. Durch einen der Fische ließ sie nach ihr rufen. Bald war die Heidekrum in das Vorhaben der Hexe eingeweiht. Es bedurfte nur einer Prise

Hexensand, und schon war die Heidekrum auf dem Weg zu Heinrich, der nicht wusste, dass auch Feodora schon nahe bei ihm war. Heinrich lag am Rand des Königsreichs seiner Eltern.

Er lag auf den Boden, direkt am Wasser und betrachtete wehmütig die Sterne. Die Heidekrum konnte sich unauffällig nähern und ihm die gesamte Prise des tückischen

Hexensands recht unauffällig in die Augen streuen. Er bemerkte es nicht einmal, so sehr war er in Gedanken.

Feodora, deren Fahrt alles andere als leicht oder gar ungefährlich gewesen war, sah ihn von Weitem liegen. Er hörte ihren leichten Schritt, richtete sich auf, sah sie und sah sie zugleich auch nicht. Durch den Hexensand in seinen Augen war es ihm unmöglich Feodoras Schönheit zu erkennen, Wie hässlich war doch diese Frau, welche auf ihn zulief. Hastig richtete er sich auf und stand ihr nun Auge im Auge gegenüber. Ungläubig flüsterte er: „Du bist Feodora?"

„Ja, mein Liebster!", antwortete sie ihm und versuchte ihn sogleich zu umarmen.

Heftig stieß er sie zurück und schämte sich zugleich dafür, ihr jemals so sehnsüchtige Briefe der Liebe geschrieben zu haben.

Wie überaus abstoßend sie doch war!

„Verschwinde von hier!", herrschte er sie an, boshaft und kalt so wie es sonst nie seiner Art entsprochen hätte. Feodora verstand nicht was geschehen war. Zwar war Heinrich vom Aussehen her sehr schön (Feodora selbst war ja keinerlei Hexensand ins Auge gekommen), doch in ihrem Herzen erkannte sie, dass es keine Liebe in ihm gab. Nicht in seinem Blick und nicht in seinem Wesen. Zitternd vor Kälte und Enttäuschung kehrte sie um, machte sich auf den beschwerlichen Wasserweg zurück zu, Schloss ihrer Eltern und versteckte Heinrichs Briefe so tief unter den alten Weinfässern, dass selbst sie mit der Zeit vergaß wo sie sie überhaupt hingelegt hatte. Der Prinz hingegen las alle ihre Briefe wieder und wieder. Er konnte nicht verstehen wie solch schöne Worte der Feder einer so durch und durch hässlichen Person entspringen sein konnten. Doch wie er es auch wendete: Durch ihre wundervollen Briefe verliebte er sich neu in sie. Schließlich fuhr er fort an der Konstruktion seines geplanten Schiffes zu bauen. Er wollte nur noch zu Feodora, ganz egal wie sie aussah. Es war der Mensch, die Seele, die er liebte. Der Seefahrer Paolo aus Girgent half ihm dabei und schenkte ihm zudem einige Flaschen des allerbesten sizilianischen Weins, um sich damit, wann immer es nötig sein mochte, den tückschen Hexen-sand aus den Augen waschen zu können. Mehr verriet Paolo nicht, um die turbulente Reise des Prinzen, welche ebenso gefährlich war wie zuvor die Reise der Prinzessin, nicht noch weiter zu verkomplizieren. Kaum war aber der Prinz aufgebrochen, hatte die Hexe erneut alles in Bewegung gesetzt, in der Hoffnung das kleine Schiff, welches ja eigentlich eher noch ein Boot denn ein Schiff war, zum Kentern zu bringen. Die Heidekrum hatte sie ebenfalls erneut losgeschickt, diesmal um den Hexenstaub in Feodoras Augen zu streuen. Da die Heidekrum sehr raffiniert war, gelang ihr das auch tatsächlich, doch die Hexe, die alle Liebenden von Natur aus zutiefst hasste, versagte in ihrem Bemühen des Prinzen kleines Schiff zu stoppen.

So ging Heinrich an Land und rief nach Feodora. Diese hörte den schönen Klang seiner Stimme, spürte seine Sehnsucht, seine wahre Liebe, verzieh ihm auf der Stelle und begann vor Freude zu weinen. All der Staub, den ihr die Heidekrum in die Augen gestreut hatte, wurde von ihren Tränen davon gespült.

Heinrich, der ja eine äußerlich ziemlich hässliche Prinzessin (zumindest was seinen Geschmack betraf) erwartet hatte, konnte nicht begreifen wie wunderhübsch sie in Wirklichkeit war.

Für viele Stunden lagen sie sich glücklich in den Armen, während die böse Wasserhexe vor Wut und Hass tobte und schäumte. Wie mir die Meermenschen zugetragen haben, fand ein 9 1/2-tägiges Fest, nämlich die Hochzeit von Heinrich und Feodora mit dem Seefahrer Paolo aus Girgent als Trau-zeugen auf Sizilien statt, wo sie gemeinsam

ein neues, friedliches und sonniges Königreich gründeten und fortan nie wieder voneinander ließen.

FRAGEN ZU Rapunzels Perücke:

Warum beschließt Rapunzel eine Perücke zu
tragen? Was hältst Du von dieser Entscheidung?
Warum wird Rapunzel mit dieser Wahl nicht
glücklich? Was steht ihr dabei im Weg?

Was veranlasst sie zu der Entscheidung, die sie am
Ende der Erzählung trifft? Wie ist Deine Meinung
hierzu? Kannst Du sie verstehen? Falls ja: Warum?
Falls nein: Warum nicht?

FRAGEN zu Dornröschen:

Was ist Heidekrum wichtiger als alles andere auf der Welt? Wie steckt sie Dornröschen mit dieser Einstellung an? Worauf muss Dornröschen verzichten? Hat sie, Deiner Meinung nach, nur den Prinzen verloren oder aber viel mehr? Kannst Du irgendein gutes Ende oder eine positive Entwicklung in dieser Geschichte sehen? Falls ja: Welches?

FRAGEN zu Schneewittchen: Kennst Du auch solche Menschen, die Dich verunsichern wollen? Was haben diese bei Schneewittchen ausgelöst? Wie kann ihr der Jäger nun helfen? Für was steht symbolisch, Deiner Meinung nach, der Apfel? Warum fällt Schneewittchen erneut auf einen falschen Rat herein? Was lernt sie daraus? Hätte Dir das auch passieren können? Falls ja: Warum? Was hättest Du daraus gelernt? Wie gefällt Dir das Ende der Geschichte?

Fragen zu Cinderellas Schwester: Kannst Du Dich in sie hineinversetzen? Kannst Du verstehen warum sie so handelt wie sie handelt? Wie wird sie durch Jörg verändert? Was lernt sie von der Kräuterfrau? Findest Du dieses Wissen wichtig? Stört Dich etwas an den „herkömmlichen" Märchen? Welche Rolle spielen Frauen zumeist in diesen Märchen? Welche Rolle spielen Männer? Ist das, in Deinen Augen, zeitgemäß? Entspricht es der Realität? Würdest Du es Dir wünschen?

FRAGE zu: Kleine Meerjungfrau? Was hältst Du vom Plan der kleinen Meerjungfrau?

FRAGEN zu Rotkäppchen: Was nervt denn Rotkäppchen am meisten?

Wodurch unterscheidet sie sich von dem Bild das ihre Mutter von ihr hat? Mit welchen Eigenschaften würdest Du sie beschreiben? Gefällt sie Dir? Meinst Du es wäre ihr wichtig von Dir gemocht zu werden? Falls ja. Warum? Falls nein: Warum nicht? Welche Rolle spielt die Großmutter in ihrem Leben? Wo unterstützt sie diese Großmutter? Hättest Du auch gerne so eine Großmutter? Falls ja: Warum ? Falls nein: Warum nicht?

FRAGE zu Alma / Drosselbart: Was ist für Dich Schönheit? Beschreibe genau. Was findest Du schön? Was nicht?

FRAGE zu Alma / Drosselbart: In diesem Märchen wird viel von Schönheitswettbewerben berichtet. Glaubst Du, dass Schönheitswettbewerbe das Bild zerstören, das wir von uns selbst haben? Wie stehst Du persönlich zu solchen Veranstaltungen? Würdest Du etwas anders machen? Falls ja: Was?

Beschreibe es möglichst genau.

FRAGEN ZU Feodora und Heinrich:

Warum hat Feodora Heinrich sofort verziehen?

Wie wäre das bei Dir?

Claudia J. Schulze (Text) ist Autorin und Bibliotherapeutin und Sprecherin. Studium der Psychologie, Philosophie Pädagogik und Literaturwissenschaften. Sie arbeitet in eigener Praxis psychotherapeutisch mit Kindern, Jugendlichen und Erwachsenen, und entwickelt interdisziplinäre therapeutische Materialien. Bereits in ihrer Diplomarbeit, später dann auch während ihrer Promotion, befasste sie sich mit der Frage, inwiefern Literatur sich auf therapeutische Prozesse positiv auswirkt. Kontakt: CJ.Schulze@gmx.de Praxis Dr. Claudia J. Schulze, Grünberger Str. 8, 78052 VS-Villingen

Anke Hartmann (Illustrationen) ist eine beliebte Künstlerin und überregional gefragte Illustratorin, Kinderbuchautorin und Geschäftsführerin einer Leipziger Grafik-Werkstatt und des Raumkind-Verlages in Leipzig. Ihre ausdrucksstarken und liebevoll gestalteten Bilder erfreuen sich großer Beliebtheit.

https://www.facebook.com/ClaudiaJSchulze/

LESEPROBEN

Nachtflüge

Geschichten zwischen den Welten

Claudia J. Schulze

Anke Hartmann

Band 1

Rabenfedern
bringen Glück

Geschichten über Freundschaft und Mut

Claudia J. Schulze / Anke Hartmann

Band 2

Nebelträume

Claudia J. Schulze / Anke Hartmann

Band 3

Korax und das
Geheimnis der Kürbisse

Claudia J. Schulze

Anke Hartmann

Band 4